UŽITKI PITAHAJA

Raziščite sladke in slane okuse Pitahaja v 100 okusnih receptih za vsak obrok in priložnost

Anica Petek

Avtorski material ©2023

Vse pravice pridržane

Nobenega dela te knjige ni dovoljeno uporabljati ali prenašati v kakršni koli obliki ali na kakršen koli način brez ustreznega pisnega soglasja založnika in lastnika avtorskih pravic, razen kratkih citatov, uporabljenih v recenziji. Ta knjiga se ne sme obravnavati kot nadomestilo za zdravniški, pravni ali drug strokovni nasvet.

KAZALO

VSEBINA **3**
UVOD **6**
ZAJTRK IN MALICA **7**
1. Chia puding zmajevega sadja 8
2. Palačinke z zmajevim sadjem in kokosom 10
3. Toast z zmajevim sadjem in avokadom 12
4. Soya Banana Dragon Fruit Ovsena kaša z rženimi kosmiči 14
5. Rožnati ovseni kosmiči s pitajo v prahu 16
6. Mafini z zmajevim sadjem in banano 18
7. Avokadov toast z okusom Dragon Fruit 20
8. Skleda z jogurtom Dragon Fruit and Granola 22
9. Ovseni kosmiči zmajevega sadja in kokosa 24
10. Toast z zmajevim sadjem in mandljevim maslom 26
PREDJEDI IN PRIGRIZKI **28**
11. Enchilada iz zmajevega sadja in črnega fižola 29
12. Brusketa z zmajevim sadjem 31
13. Čips zmajevega sadja 35
15. Parjeni mafini z belim zmajevim sadjem 39
16. Caprese nabodala z zmajevim sadjem 41
17. Energijske kroglice Dragon Fruit Chia 43
18. Energetski grižljaji zmajevega sadja in kokosa 31
20. Grižljaji torte z zmajevim sadjem 47
21. Čokoladni tartufi Dragon Fruit 49
22. Datlji, polnjeni z maslom iz zmajevega sadja in orehov 51
GLAVNA JED **53**
23. Zmajevo sadje s pirejem iz piščanca in maslenega oreha 54
24. Dragon Fruit Shrimp Stir Fry 57
25. Skleda z zmajevim sadjem in lososom 59
26. Zmajevo sadje in svinjski takosi 61
27. Dragon Fried Rice 63
28. Pečena tuna s salso iz zmajevega sadja 65
29. Piščanec na žaru s salso zmajevega sadja 67
30. Curry zmajevega sadja 78
31. Portobello gobe, polnjene z zmajevim sadjem 69
JUHE IN CURRIJI **71**
32. Dragon Fruit in tofu curry 72
33. Juha iz svežega sadja Pink Blossom 74
35. Kokosova juha s pitajo in mangom 76
SOLATE **78**

36. Solata z zmajevim sadjem, prepojena s slivovim vinom 81
37. Eksotična sadna solata 83
38. Jabolčna solata Dragon Fruit 85
40. Zmajeva sadna solata s tajinom 87
41. Solata iz zmajevega sadja in avokada s kozicami na žaru 89
42. Solata zmajevega sadja in kivija 91
43. Solata zmajevega sadja s prelivom iz ingverjeve limete 93
44. Solata iz zmajevega sadja in kvinoje 95
45. Solata zmajevega sadja in krvave pomaranče 97
46. Solata z zmajevim sadjem, prepojena s slivovim vinom 99
47. Solata z zmajevim sadjem in rakovicami 101
48. Waldorfska solata zmajevega sadja 103

SLADICA 105

49. Goji, pistacija in limonin kolač 106
50. Parfe z jogurtovim zmajevim sadjem 109
51. Sladice zmajevega sadja 111
52. Sorbet zmajevega sadja 113
53. Šifon kolački Dragon Fruit 115
54. Torta iz pene iz malin in zmajevega sadja 117
55. Dragon Fruit želeji 119
56. Sladice guava zmajevega sadja 121
57. Popsicles zmajevega sadja maline 123
58. Torta z rožnatim zmajevim sadjem 125
59. Torta z zmajevim sadjem 127
60. Nemogoča pita zmajevega sadja 130
61. Torta z masleno kremo Dragon Fruit 132
62. Dragon Fruit Barfi 134
63. Puding iz tapioke Dragon Fruit 136
64. Zmajev sadež Firni 138
65. Krema iz zmajevega sadja z meringue lešnikovo torto 140
66. Dragon Fruit Coconut Modak 142
67. Zmajev sadež Kalakand 144
68. Lassi z okusom zmajevega sadja 170
69. Dragon Fruit žele ali puding 146
70. Sadni puding Red Dragon 148

SALSA IN OMAKE 150

71. Salsa zmajevega sadja 151
72. Guacamole zmajevega sadja 153
73. Chutney iz zmajevega sadja 155
74. Gorčica zmajevega sadja 157
75. Aioli zmajevega sadja 159

SMOOTIJI ... 165
76. Dragon Mango Smoothie ... 166
77. Smoothie Dragon Fruit na rastlinski osnovi ... 168
78. Berry Dragon Fruit Smoothie ... 170
79. Kozarci za smoothie s kokosovim chia zmajevim sadjem ... 174
80. Vanilla Swirled Dragon Fruit Smoothie Bowl ... 176
81. Smoothie z zmajevim sadjem in ananasom ... 178
82. Smoothie s krvavim zmajevim sadjem ... 180
83. Pitaya Bowl (Dragon Fruit) ... 182
84. Smoothie iz pese in zmajevega sadja ... 184
85. Skleda za smoothie z ingverjem zmajevega sadja ... 186
86. Dragon Fruit Milkshake ... 188
87. Smoothie z zmajevim sadjem in mandlji ... 190
88. Ovseni smuti z zmajevim sadjem ... 192
89. Dragon Fruit Mango Jogurt in Yakult smoothie ... 194
90. Smoothie z zmajevim sadjem in jagodami ... 196

KOKTAJLI IN MOKTAJLI ... 198
91. Dragon Fruit Mojito ... 199
92. Dragon Fruit Cucumber Limeade ... 201
93. Litchi Dragon Mocktail ... 204
94. Kiwi Red Dragon Juice ... 206
95. Limonada zmajevega sadja ... 208
96. Dragon Fruit-Plum Juice ... 210
97. Dragon Fruit Margarita ... 212
98. Špricer z zmajevim sadjem ... 214
99. Koktajl zmajevega sadja in bezga ... 216
100. Koktajl Pitaya Picante ... 218

ZAKLJUČEK ... 220

UVOD

Dobrodošli v UŽITKI PITAHAJA! Ta kuharska knjiga je praznovanje edinstvenega in živahnega sadja, znanega kot zmajevo sadje, imenovano tudi pitaja. Dragon fruit s svojo svetlo rožnato ali rumeno lupino in sočnim, rahlo sladkim mesom, posutim s črnimi semeni, ni le paša za oči, ampak tudi za brbončice.

V tej kuharski knjigi boste našli več kot 50 receptov, ki prikazujejo vsestranskost tega tropskega sadeža. Od smutijev in solat do takosov in pomfrija, zmajevo sadje lahko uporabite v sladkih in slanih jedeh, s čimer svojim obrokom dodajo pečat barve in osvežujoč okus.

Dragon fruit ni samo okusen, ampak je tudi poln hranil. To sadje ima malo kalorij, a veliko vlaknin, antioksidantov ter vitaminov C in B, zaradi česar je odličen dodatek k zdravi in uravnoteženi prehrani.

Potopimo se torej v svet zmajevega sadja in odkrijmo vse čudovite načine uživanja tega eksotičnega sadja!

ZAJTRK IN MALICA

1. Chia puding Dragon Fruit

SESTAVINE:
- 1 zmajev sadež
- 1 skodelica kokosovega mleka
- ¼ čajne žličke vanilijevega ekstrakta (ali ½ čajne žličke vanilijeve esence)
- 2 žlici sladkorja
- 4 žlice chia semen

NAVODILA:
a) Zmajevo sadje olupimo in nasekljamo.
b) Vse sestavine zmešajte do gladkega.
c) Hladite ga 1-3 ure ali čez noč, da se strdi.
d) Okrasite in postrezite ohlajeno.

2. Palačinke z zmajevim sadjem in kokosom

SESTAVINE:

- 1 zmajevo sadje
- 1 skodelica večnamenske moke
- 2 žlički pecilnega praška
- ¼ čajne žličke soli
- 1 jajce
- 1 skodelica kokosovega mleka
- 2 žlici kokosovega olja

NAVODILA:

a) Dragon fruit prerežite na pol in izdolbite meso.
b) V skledi zmešajte moko, pecilni prašek in sol.
c) V ločeni skledi zmešajte jajce, kokosovo mleko in kokosovo olje.
d) Dodajte mokre sestavine k suhim sestavinam in mešajte, dokler se le ne združijo.
e) Zložite meso zmajevega sadja.
f) Na srednjem ognju segrejte ponev proti prijemanju in na ponev stresite testo.
g) Palačinke pečemo 2-3 minute na vsaki strani oziroma do zlato rjave barve.
h) Postrezite vroče, prelite s sirupom ali dodatnim sadjem.

3. Toast z zmajevim sadjem in avokadom

SESTAVINE:
- 1 zmajevo sadje
- 1 avokado
- 2 rezini polnozrnatega kruha
- 1 žlica limoninega soka
- Sol in poper po okusu

NAVODILA:
a) Dragon fruit prerežite na pol in izdolbite meso.
b) Avokado prerežemo na pol in odstranimo koščico.
c) Izdolbite avokadovo meso in ga v skledi pretlačite.
d) Vmešajte limonin sok, sol in poper.
e) Rezine kruha popečemo.
f) Avokadovo mešanico razporedite po toastu.
g) Povrhu z narezanim zmajevim sadjem.
h) Postrezite takoj.

4. Soya Banana Dragon Fruit Ovsena kaša z rženimi kosmiči

SESTAVINE:
- 1/2 skodelice ovsenih kosmičev
- 1 skodelica sojinega mleka (ali poljubnega mleka)
- 1 zrela banana, pretlačena
- 1/2 skodelice pireja zmajevega sadja
- 1 žlica medu ali javorjevega sirupa
- Rženi kosmiči za preliv
- Narezana banana in zmajevo sadje za okras

NAVODILA:
V ponvi zmešajte ovsene kosmiče in sojino mleko. Kuhajte na srednjem ognju, dokler se oves ne zmehča in zmes zgosti.
Vmešajte pretlačeno banano, pire iz sadja in med ali javorjev sirup.
Nadaljujte s kuhanjem nekaj minut, dokler se dobro ne poveže in segreje.
Odstranite z ognja in pustite, da se nekoliko ohladi.
Po vrhu potresemo ržene kosmiče in okrasimo z narezano banano in zmajevim sadjem.
Postrežemo toplo.

5. Rožnati ovseni kosmiči s pitajo v prahu

SESTAVINE:

- 1 skodelica ovsenih kosmičev
- 2 skodelici vode
- 2 žlici pitaje v prahu
- Med ali javorjev sirup po okusu
- Sveže sadje in oreščki za preliv

NAVODILA:

V kozici zavremo vodo.

V vrelo vodo dodajte ovsene kosmiče in kuhajte po navodilih na embalaži.

Vmešajte prašek pitaje in po okusu sladkajte z medom ali javorjevim sirupom.

Odstranite z ognja in pustite, da se nekoliko ohladi.

Po vrhu posujte s svežim sadjem in oreščki.

Postrežemo toplo.

6. Mafini z zmajevim sadjem in banano

SESTAVINE:
- 1 zmajevo sadje
- 1 banana
- ½ skodelice sladkorja
- ¼ skodelice rastlinskega olja
- 1 jajce
- 1 skodelica večnamenske moke
- 1 čajna žlička pecilnega praška
- ½ čajne žličke sode bikarbone

NAVODILA:
a) Pečico segrejte na 350°F (175°C).
b) Dragon fruit prerežite na pol in izdolbite meso.
c) V skledi pretlačimo banano in ji vmešamo sladkor in rastlinsko olje.
d) Stepajte jajce, dokler se dobro ne združi.
e) V ločeni skledi zmešajte moko, pecilni prašek in sodo bikarbono.
f) Suhe sestavine vmešajte v mešanico banan, dokler se ravno ne združijo.
g) Zložite meso zmajevega sadja.
h) Pekač za mafine obložite s papirnatimi podlogami in v vsako skodelico žlico nalijte maso.
i) Pecite 20-25 minut ali dokler zobotrebec, ki ga zapičite v sredino, ne izstopi čist.
j) Pustite, da se muffini ohladijo, preden jih postrežete.

7. Avokadov toast z okusom Dragon Fruit

SESTAVINE:
- 2 rezini kruha
- 1 zrel avokado
- Rezine zmajevega sadja
- Sol in poper po okusu
- Limetin sok (neobvezno)
- Čili kosmiči (neobvezno)

NAVODILA:
Rezine kruha popečemo do zlato rjave barve.

Zrel avokado pretlačimo z vilicami in ga enakomerno namažemo na popečene kruhke.

Na vrhu avokada z rezinami zmajevega sadja.

Začinimo s soljo in poprom po okusu.

Po vrhu iztisnite nekaj limetinega soka in po želji potresite čilijeve kosmiče za dodatno piko na i.

Postrezite takoj.

8. Skleda za jogurt zmajevega sadja in granole

SESTAVINE:
- 1 zmajevo sadje
- 1 skodelica grškega jogurta
- ½ skodelice granole
- 1 žlica medu

NAVODILA:
a) Dragon fruit prerežite na pol in izdolbite meso.
b) V skledi zmešamo grški jogurt in med.
c) V ločeni skledi položite meso zmajevega sadja, mešanico grškega jogurta in granolo.
d) Plasti ponavljajte, dokler ne porabite vseh sestavin.
e) Postrežemo ohlajeno.

9. Zmajev sadež in kokosova ovsena kaša

SESTAVINE:
- 1 zmajevo sadje
- 1 skodelica ovsenih kosmičev
- 2 skodelici kokosovega mleka
- ¼ skodelice naribanega kokosa
- ¼ skodelice medu

NAVODILA:
a) Dragon fruit prerežite na pol in izdolbite meso.
b) V ponvi zmešajte ovsene kosmiče, kokosovo mleko, nastrgan kokos in med.
c) Mešanico kuhajte na zmernem ognju in ob pogostem mešanju 10-15 minut ali dokler ovsena kaša ni gosta in kremasta.
d) Vmešajte meso zmajevega sadja.
e) Postrezite vroče, obloženo z dodatnim sadjem ali oreščki.

10. Toast z zmajevim sadjem in mandljevim maslom

SESTAVINE:
- 1 zmajevo sadje
- 2 rezini polnozrnatega kruha
- 2 žlici mandljevega masla
- 1 žlica medu

NAVODILA:
a) Dragon fruit prerežite na pol in izdolbite meso.
b) Rezine kruha popečemo.
c) Toast namažite z mandljevim maslom.
d) Povrhu z narezanim zmajevim sadjem.
e) Prelijemo z medom.
f) Postrezite takoj.

PREDJEDI IN PRIGRIZKI

11. Enchilade z zmajevim sadjem in črnim fižolom

SESTAVINE:
- 1 zmajevo sadje
- 1 pločevinka črnega fižola, odcejenega in opranega
- ½ skodelice sesekljane rdeče čebule
- ¼ skodelice sesekljanega cilantra
- 1 limeta, stisnjena v sok
- 1 čajna žlička čilija v prahu
- 1 čajna žlička česna v prahu
- Sol in poper po okusu
- 8 majhnih koruznih tortilj
- 1 skodelica omake enchilada
- 1 skodelica naribanega cheddar sira

NAVODILA:
a) Dragon fruit prerežite na pol in izdolbite meso.
b) V veliki skledi zmešajte črni fižol, rdečo čebulo, koriander, limetin sok, čili v prahu, česen v prahu, sol in poper.
c) Zložite meso zmajevega sadja.
d) Pečico segrejte na 375 °F (190 °C).
e) Na dno 9x13-palčnega pekača namažite tanko plast omake enchilada.
f) Tortilje segrejte v mikrovalovni pečici ali na rešetki.
g) Na vsako tortiljo z žlico nanesite mešanico zmajevega sadja in črnega fižola ter jo tesno zvijte.
h) Zvite tortilje položimo s šivi navzdol v pekač.
i) Preostalo omako enchilada prelijemo po vrhu zvitih tortilj.
j) Po vrhu potresemo nariban sir cheddar.
k) Pečemo 20-25 minut ali dokler se sir ne stopi in postane mehurček.
l) Postrezite vroče z dodatnimi rezinami koriandra in limete, če želite.

12. Energijski grižljaji zmajevega sadja in kokosa

SESTAVINE:
- 1 skodelica izkoščičenih datljev
- 1 skodelica surovih indijskih oreščkov
- 1/2 skodelice naribanega kokosa
- 1/4 skodelice pireja zmajevega sadja
- 1 žlica chia semen
- 1 žlica medu ali javorjevega sirupa (neobvezno)
- Ekstra nastrgan kokos za valjanje

NAVODILA:
V kuhinjskem robotu zmešajte datlje, indijske oreščke, nastrgan kokos, pire iz sadnega sadja, chia semena in med ali javorjev sirup (po želji), dokler se dobro ne povežejo in se zmes sprime.

Zmes razvaljajte v majhne kroglice v velikosti grižljaja.

Energijske grižljaje povaljajte v dodatno nastrganem kokosu, da jih prekrijete.

Energijske grižljaje polagamo na pekač, obložen s peki papirjem.

Hladimo vsaj 1 uro, da se strdi.

Uživajte v teh hranljivih in okusnih energijskih grižljajih zmajevega sadja in kokosa kot hitrem prigrizku.

13. Brusketa zmajevega sadja

SESTAVINE:

- 1 zmajevo sadje
- ½ skodelice narezanega paradižnika
- ¼ skodelice sesekljane bazilike
- ¼ skodelice zdrobljenega feta sira
- 2 žlici balzamične glazure
- Rezine bagete popečene

NAVODILA:

a) Dragon fruit prerežite na pol in izdolbite meso.
b) V srednji skledi zmešajte dračje, paradižnik, baziliko in feta sir.
c) Dobro premešajte in pustite bruskete stati vsaj 10 minut, da se okusi prepojijo.
d) Vsako rezino bagete prelijte z brusketo zmajevega sadja in pokapajte z balzamično glazuro.
e) Postrezite takoj.

14. Čips zmajevega sadja

SESTAVINE:
- 2 zmajeva sadeža
- 2 žlici kokosovega olja
- Sol po okusu

NAVODILA:
a) Pečico segrejte na 200°F.
b) Pekač obložite s peki papirjem.
c) Dragon fruit narežemo na tanke rezine.
d) V skledi potresemo rezine s kokosovim oljem in soljo.
e) Rezine razporedimo po pekaču.
f) Pečemo 2-3 ure oziroma dokler rezine niso hrustljave.

15. Zavitki z zmajevim sadjem in kremnim sirom

SESTAVINE:
- 1 zmajev sadež, narezan na kocke
- 4 unče kremnega sira, zmehčanega
- 4 tortilje iz moke
- 2 žlici medu

NAVODILA:
a) Na vsako tortiljo iz moke namažite kremni sir.
b) Na kremni sir potresemo na kocke narezano dragon fruit.
c) Zmajevo sadje pokapljajte z medom.
d) Tortilje tesno zvijte.
e) Vsak zvitek narežemo na grižljaj velike kose.

16. Parjeni mafini z belim zmajevim sadjem

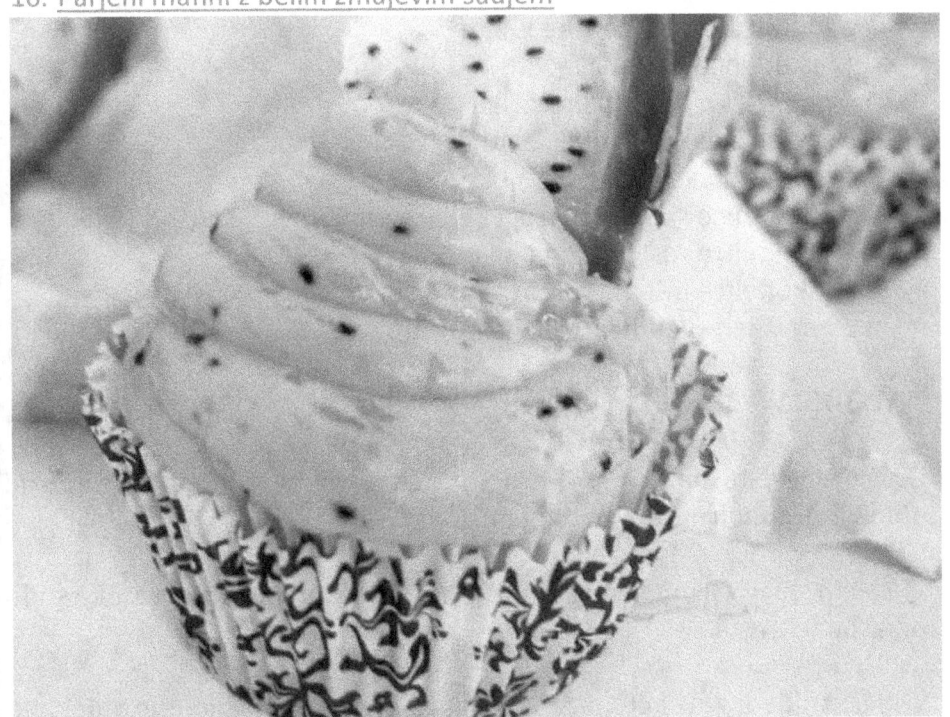

SESTAVINE:
- 1 skodelica večnamenske moke
- 1/2 skodelice sladkorja
- 1 čajna žlička pecilnega praška
- 1/2 čajne žličke sode bikarbone
- 1/4 čajne žličke soli
- 1/2 skodelice sadnega pireja belega zmaja
- 1/4 skodelice rastlinskega olja
- 1/4 skodelice mleka
- 1 čajna žlička vanilijevega ekstrakta

NAVODILA:

Pečico segrejte na 350°F (175°C). Pekač za mafine namastimo ali obložimo s papirnatimi podlogami.

V skledi za mešanje zmešajte moko, sladkor, pecilni prašek, sodo bikarbono in sol.

V ločeni skledi zmešajte pire iz belega zmaja, rastlinsko olje, mleko in ekstrakt vanilije.

Mokre sestavine vlijemo v suhe sestavine in mešamo, dokler se le ne združijo.

Testo enakomerno porazdelite med posodice za mafine.

Pecite 15-20 minut oziroma dokler zobotrebec, ki ga zapičite v sredino, ne izstopi čist.

Odstranite iz pečice in pustite, da se ohladi, preden postrežete.

17. Caprese nabodala z zmajevim sadjem

SESTAVINE:
- 1 zmajev sadež, narezan na kocke
- Kroglice sveže mocarele
- češnjev paradižnik
- Listi sveže bazilike
- Balzamična glazura za prelivanje

NAVODILA:
Na vsako nabodalo nanizajte kocko dragona, kroglico mocarele, češnjev paradižnik in list bazilike.

Ponavljajte, dokler ne porabite vseh sestavin.

Nabodala razporedimo po krožniku.

Tik pred serviranjem jih pokapajte z balzamično glazuro.

Uživajte v teh živahnih in okusnih nabodalih kot lahki in barviti predjedi.

18. Chia energijske kroglice Dragon Fruit

SESTAVINE:
- 1 skodelica izkoščičenih datljev
- 1 skodelica mandljev
- 1/2 skodelice posušenega naribanega kokosa
- 1/4 skodelice pireja zmajevega sadja
- 1 žlica chia semen
- 1 žlica medu ali javorjevega sirupa (neobvezno)

NAVODILA:

V kuhinjskem robotu zmešajte datlje, mandlje, posušen nastrgan kokos, pire iz sadnega sadja, chia semena in med ali javorjev sirup (po želji), dokler se dobro ne povežejo in zmes sprime skupaj.

Zmes razvaljajte v majhne kroglice.

Energijske kroglice postavite v nepredušno posodo in jih postavite v hladilnik za vsaj 1 uro, da se strdijo.

19. Parfe z zmajevim sadjem in jogurtom

SESTAVINE:
- 1 skodelica grškega jogurta
- 1/4 skodelice pireja zmajevega sadja
- 1 žlica medu ali javorjevega sirupa (neobvezno)
- Sveže jagode za preliv

NAVODILA:

V skledici zmešajte grški jogurt, pire iz dragoncev in med ali javorjev sirup (po želji).
V vsako skodelico za mini mafine ali silikonski model z žličko nalijte majhno količino jogurtove mešanice.
Po vrhu posujte s svežimi jagodami.
Ponavljajte plasti, dokler niso napolnjene skodelice ali modelčki.
Parfe grižljaje postavite v zamrzovalnik za vsaj 2 uri, da se strdijo.
Ko so zamrznjeni, odstranite grižljaje iz modelčkov in jih prenesite v nepredušno posodo.
Postrezite parfe z zmajevim sadjem in jogurtom naravnost iz zamrzovalnika za osvežilno in zdravo poslastico.

20. Grižljaji torte z zmajevim sadjem

SESTAVINE:
- 1 skodelica drobtin graham krekerja
- 2 žlici stopljenega masla
- 8 unč kremnega sira, zmehčanega
- 1/4 skodelice sladkorja v prahu
- 1/4 skodelice pireja zmajevega sadja
- 1 čajna žlička vanilijevega ekstrakta

NAVODILA:

V skledi za mešanje zmešajte drobtine graham krekerja in stopljeno maslo. Mešajte, dokler drobtine niso enakomerno prekrite.

Zmes za drobtine vtisnite na dno pekača za mini mafine ali silikonskega modela, da ustvarite skorjico.

V ločeni skledi stepite kremni sir, sladkor v prahu, sadni pire in vanilijev ekstrakt, dokler ne postane gladka in kremasta.

Z žlico nanesite mešanico kremnega sira čez skorjo graham krekerja v vsaki skodelici ali modelu za mafine.

Vrhove zgladimo z žlico ali lopatko.

Cheesecake grižljaje za vsaj 2 uri postavimo v hladilnik, da se strdijo.

Ko strdijo, vzamemo grižljaje iz modelčkov in postrežemo ohlajene.

21. Čokoladni tartufi Dragon Fruit

SESTAVINE:
- 1/2 skodelice pireja zmajevega sadja
- 8 unč temne čokolade, sesekljane
- 2 žlici nesoljenega masla
- Nastrgan kokos ali kakav v prahu za valjanje

NAVODILA:

V kozici na zmernem ognju segrevajte pire iz zmajevega sadja, dokler ne zavre.
Odstavite z ognja in v ponev dodajte narezano temno čokolado in maslo.
Mešajte, dokler se čokolada in maslo ne stopita in zmes postane gladka.
Pustite, da se mešanica ohladi na sobno temperaturo.
Ko se zmes ohladi, jo postavite v hladilnik za približno 1 uro oziroma dokler se ne strdi.
Z žlico ali žlico za melono zajemajte majhne porcije mešanice in jih povaljajte v tartufe v velikosti grižljaja.
Tartufe povaljajte v nastrganem kokosu ali kakavovem prahu, da jih prekrijete.
Tartufe položite na pekač, obložen s pergamentnim papirjem.
Hladimo vsaj 1 uro, da se strdi.
Uživajte v teh dekadentnih čokoladnih tartufih Dragon Fruit kot čudoviti poslastici.

22. Datlji, polnjeni z maslom iz zmajevega sadja in orehov

SESTAVINE:
- Medjool datlji, brez koščic
- Maslo iz oreščkov po vaši izbiri (na primer mandljevo maslo ali arašidovo maslo)
- Rezine zmajevega sadja za okras (neobvezno)

NAVODILA:
a) Vzemite vsak izkoščičen datelj in ga nežno odprite.
b) Vdolbino vsakega datlja napolnite z majhno količino masla iz orehov.
c) Zaprite datlje, da se zaprejo z maslom iz orehov.
d) Nadevane datlje položimo na krožnik ali servirno posodo.
e) Po želji okrasite z rezinami zmajevega sadja.
f) Uživajte v teh sladkih in zadovoljivih datljih, polnjenih z zmajevim sadjem in orehovim maslom, kot zdrav prigrizek ali sladico.

GLAVNA JED

23. Zmajevo sadje s pirejem iz piščanca in maslenega oreha

SESTAVINE:
PIRE
- ½ majhne maslene buče, narezane na kocke
- 5 korenčkov, narezanih na tanke rezine
- ¼ skodelice organskega nesoljenega masla, narezanega na koščke
- 2 žlici svežega pomarančnega soka
- 1 žlica svežega limoninega soka
- 2 žlički olupljenega in naribanega svežega ingverja
- ¼ čajne žličke morske soli in mletega črnega popra

PIŠČANEC
- 1 funt piščančjih beder brez kosti in kože
- 1 žlica olivnega olja
- 2½ čajne žličke drobno sesekljanega svežega timijana
- 2 žlički sveže limonine lupinice
- ¼ čajne žličke mletega črnega popra
- ⅛ čajne žličke morske soli

SOLATA
- ¼ skodelice ekstra deviškega oljčnega olja
- 2 žlici jabolčnega kisa
- 1 žlica olupljenega in mletega ingverja
- 1 žlica svežega pomarančnega soka
- 1 žlica svežega limoninega soka
- 1 čajna žlička surovega medu
- ⅛ čajne žličke morske soli in mletega črnega popra
- 1 zmaj (bel ali roza), olupljen in narezan na kocke
- 2¼ pakiranih skodelic friséeja, narezanega na 2-palčne kose (približno 4 oz) ali mešane zelenjave
- 1 žlica drobno sesekljane sveže mete
- ⅓ skodelice grobo sesekljanih praženih nesoljenih mandljev
- 1 šalotka, drobno sesekljana

NAVODILA:
a) V zgornjo tretjino pečice postavite rešetko; predgrejte na 400°F.
b) Pripravite pire: Košaro kuhalnika na pari namestite v velik lonec z vodo do ½ palca pod košaro.
c) Bučo in korenje položite v košaro, pokrijte in zavrite; zmanjšajte toploto na srednjo in kuhajte na pari 20 minut, dokler se ne zmehča.

d) Prenesite v mešalnik skupaj s preostalimi sestavinami za pire; mešajte, dokler ni gladka. Pokrijte, da ostane toplo.

e) Medtem pripravimo piščanca: piščanca premažemo z oljem; začinite s timijanom, limonino lupinico, poprom in soljo. Razporedite po pekaču, obloženem s pergamentom.

f) Pecite, dokler piščanec ne doseže notranje temperature 165 °F, 15 do 20 minut.

g) Prenesite na desko za rezanje; pustite počivati 10 minut, ohlapno pokrito. Narežite na ½-palčne trakove.

h) Pripravite solato: V srednji skledi zmešajte olje, kis, ingver, pomarančni sok, limonin sok, med, sol in poper.

i) Dodajte preostale sestavine solate; nežno premetavajte. Postrezite s pirejem in narezanim piščancem.

24. Dragon Fruit Shrimp Stir Fry

SESTAVINE:
- 1 zmajevo sadje
- 1 funt kozic, olupljenih in razrezanih
- 1 rdeča paprika, narezana na rezine
- 1 rumena čebula, narezana na rezine
- 2 stroka česna, nasekljana
- 2 žlici sojine omake
- 2 žlici rastlinskega olja

NAVODILA:
a) Dragon fruit prerežite na pol in izdolbite meso.
b) V voku ali veliki ponvi na močnem ognju segrejte rastlinsko olje.
c) Dodajte kozico in med mešanjem pražite 2-3 minute ali dokler ne postane rožnato in kuhano.
d) Dodamo papriko, čebulo in česen ter med mešanjem pražimo še 2-3 minute oziroma dokler se zelenjava rahlo ne zmehča.
e) Dodajte sojino omako in premešajte, da se združi.
f) Zložite meso zmajevega sadja in kuhajte še 1-2 minuti ali dokler se ne segreje.
g) Postrezite vroče z rižem ali rezanci.

25. Skleda z zmajevim sadjem in lososom

SESTAVINE:
- 1 zmajevo sadje
- 1 funt lososa za suši, narezan na kocke
- ½ skodelice narezane kumare
- ½ skodelice narezanega avokada
- ¼ skodelice narezanih kapesant
- 2 žlici sojine omake
- 2 žlici riževega kisa
- 1 žlica sezamovega olja
- Sol in poper po okusu
- Kuhan riž, za serviranje

NAVODILA:
a) Dragon fruit prerežite na pol in izdolbite meso.
b) V veliki skledi zmešajte lososa, kumare, avokado in mlado čebulo.
c) V ločeni skledi zmešajte sojino omako, rižev kis, sezamovo olje, sol in poper.
d) Preliv vmešajte v mešanico lososa, dokler se dobro ne premeša.
e) Zložite meso zmajevega sadja.
f) Postrežemo čez kuhan riž.

26. Takosi z zmajevim sadjem in svinjino

SESTAVINE:
- 1 zmajevo sadje
- 1 funt mlete svinjine
- ½ skodelice sesekljane rdeče čebule
- ¼ skodelice sesekljanega cilantra
- 1 limeta, stisnjena v sok
- 2 žlički čilija v prahu
- 1 čajna žlička česna v prahu
- 1 čajna žlička kumine
- Sol in poper po okusu
- 8 majhnih tortilj

NAVODILA:
a) Dragon fruit prerežite na pol in izdolbite meso.
b) V veliki ponvi kuhajte mleto svinjino na srednje močnem ognju, dokler ne porjavi in se skuha.
c) Dodajte rdečo čebulo, koriander, limetin sok, čili v prahu, česen v prahu, kumino, sol in poper ter premešajte, da se združi.
d) Zložite meso zmajevega sadja in kuhajte še 1-2 minuti ali dokler se ne segreje.
e) Tortilje segrejte v mikrovalovni pečici ali na rešetki.
f) Mešanico svinjine in sadja z žlico nanesite na tortilje.
g) Postrezite vroče z dodatnimi rezinami koriandra in limete, če želite.

27. Dragon Fried Rice

SESTAVINE:
- 2 skodelici kuhanega jasminovega riža (hladnega)
- 1 skodelica narezane zelenjave (kot so korenje, grah, paprika)
- 1/2 skodelice na kocke narezanega kuhanega piščanca ali kozic (neobvezno)
- 2 žlici rastlinskega olja
- 2 žlici sojine omake
- 1 žlica ostrigine omake (neobvezno)
- 1/2 čajne žličke naribanega ingverja
- 2 stroka česna, nasekljana
- 2 jajci, pretepeni
- Sol in poper po okusu
- Narezana zelena čebula za okras

NAVODILA:
V veliki ponvi ali voku na srednje močnem ognju segrejte rastlinsko olje.
Dodamo nariban ingver in sesekljan česen ter pražimo 1 minuto, da zadiši.
Dodajte na kocke narezano zelenjavo in kuhanega piščanca ali kozice (če uporabljate) ter med mešanjem pražite 2-3 minute, da se zelenjava zmehča.
Zelenjavo potisnite na eno stran ponve, na drugo stran pa vlijte stepena jajca.
Jajca stepemo, dokler niso kuhana, nato pa jih zmešamo z zelenjavo.
V ponev dodamo hladno kuhan riž in med mešanjem pražimo še 2-3 minute, da se segreje.
Po rižu pokapljajte sojino omako in ostrigino omako (če uporabljate) ter začinite s soljo in poprom.
Med mešanjem pražimo še 2 minuti, da se vse dobro poveže in segreje.
Odstranite z ognja in okrasite z narezano zeleno čebulo.
Postrezite toplo.

28. Pečena tuna s salso iz zmajevega sadja

SESTAVINE:
- 1 majhen zmajev sadež - narezan na kocke
- 1 šalotka - mleta
- 1 serrano - fresno ali jalapeno čili, mlet
- 1 žlica drobno sesekljane mete - cilantra ali bazilike
- 1 žlica belega vermutnega kisa
- morska sol in mleti poper po okusu
- 4 sveži zrezki ahi tune
- kapljico oljčnega ali kokosovega olja
- morska sol in sveže mlet poper

NAVODILA:
a) Dragon fruit prerežite na pol po dolžini in z žlico okoli zunanjega roba izdolbite meso. Dodajte v majhno skledo za pripravo.
b) Dodamo mleti čili, šalotko ali čebulo in kis. Mešajte, da se združi.
c) Po okusu začinimo s soljo in poprom. Dati na stran.
d) Žar ali ponev segrejte na zelo visoko temperaturo.
e) Tunine zrezke namažite s kokosovim oljem. Začinimo s soljo in poprom.
f) Tuno popečemo na obeh straneh, 1-2 minuti na vsaki strani.
g) Tunine zrezke narežemo.
h) Postrezite z izdatno merico salse.

29. Piščanec na žaru s salso iz zmajevega sadja

SESTAVINE:
- 4 piščančje prsi brez kosti in kože
- 1 zmajev sadež, narezan na kocke
- 1/2 rdeče paprike, narezane na kocke
- 1/4 majhne rdeče čebule, narezane na kocke
- Sok 1 limete
- 2 žlici svežega cilantra, sesekljanega
- Sol in poper po okusu
- Oljčno olje za žar

NAVODILA:

Žar segrejte na srednje visoko temperaturo.
Piščančje prsi začinite s soljo in poprom.
Piščančje prsi pecite na žaru približno 6-8 minut na vsako stran ali dokler niso pečene.
Medtem v skledi zmešajte na kocke narezano dragon sadje, rdečo papriko, rdečo čebulo, limetin sok in koriander.
Salso po okusu začinimo s soljo in poprom.
Pustite salso stati približno 10-15 minut, da se okusi prepojijo.
Ko je piščanec pečen, ga odstranite z žara in pustite nekaj minut počivati.
Vsake piščančje prsi na žaru prelijte z žlico salse zmajevega sadja.
Piščanca na žaru postrezite s prilogo po želji, na primer s pečeno zelenjavo ali rižem.

30. Portobello gobe, polnjene z zmajevim sadjem

SESTAVINE:

- 4 velike gobe Portobello
- 1 zmajev sadež, olupljen in narezan na kocke
- 1 skodelica kuhane kvinoje ali riža
- 1/4 skodelice zdrobljenega feta sira
- 2 žlici sesekljane sveže bazilike
- 2 žlici balzamične glazure
- Sol in poper po okusu

NAVODILA:

Pečico segrejte na 375 °F (190 °C).
Gobam Portobello odstranimo peclje in jih očistimo.
V skledi zmešajte na kocke narezano dragon fruit, kuhano kvinojo ali riž, nadrobljen feta sir, sesekljano svežo baziliko, balzamično glazuro, sol in poper.
Dobro premešajte, dokler se vse sestavine ne povežejo.
Vsako gobo Portobello napolnite z mešanico zmajevega sadja.
Nadevane gobe položimo na pekač, obložen s peki papirjem.
Pečemo v predhodno ogreti pečici 20-25 minut oziroma dokler se gobe ne zmehčajo in se nadev segreje.
Polnjene gobe Portobello postrezite kot okusno in zadovoljivo glavno jed.

JUHE IN CURRIJI

31. Dragon Fruit in tofu curry

SESTAVINE:
- 1 zmajevo sadje
- 1 blok ekstra čvrstega tofuja, odcejenega in narezanega na kocke
- 1 rdeča paprika, narezana na rezine
- 1 rumena čebula, narezana na rezine
- 2 stroka česna, nasekljana
- 1 pločevinka kokosovega mleka
- 2 žlici rdeče curry paste
- 2 žlici rastlinskega olja
- Sol in poper po okusu

NAVODILA:
a) Dragon fruit prerežite na pol in izdolbite meso.
b) V velikem loncu ali nizozemski pečici segrejte rastlinsko olje na srednje močnem ognju.
c) Dodamo tofu in med mešanjem pražimo 2-3 minute ali dokler rahlo ne porjavi.
d) Dodamo papriko, čebulo in česen ter med mešanjem pražimo še 2-3 minute oziroma dokler se zelenjava rahlo ne zmehča.
e) Dodajte kokosovo mleko, pasto rdečega karija, sol in poper ter premešajte, da se združi.
f) Zložite zmajevo sadje
g) Curry dušite 10-15 minut oziroma dokler ni zelenjava kuhana po vaših željah in se omaka zgosti.
h) Postrezite vroče z rižem ali naan kruhom.

32. Juha iz svežega sadja Pink Blossom

SESTAVINE:
- 2 jabolki, narezani na kocke, namočeni v slani vodi
- 2 pomaranči, narezani na kocke
- 125 gramov jagod
- 1 pločevinka sadnega koktajla
- 1 kislica brez semen
- 1 rdeče zmajevo sadje, narezano na kocke
- 2 žlici semen bazilike, namočenih v 1 skodelico vroče vode
- 1 liter mleka z nizko vsebnostjo maščob
- 80 ml kondenziranega mleka
- 1 čajna žlička bananine esence

PREPROSTI SIRUP:
- 250 gramov sladkorja
- 250 ml vode
- 1 skleda ledenih kock

NAVODILA:
a) Pripravite vse svoje sadje in jih stresite v eno veliko skledo.
b) V skledo s sadjem dodajte sadni koktajl brez sirupa, semena bazilike, mleko, kondenzirano mleko, bananino esenco in preprost sirup.
c) Dodajte nekaj kock ledu, da bo manj debel in bo bolj hladen.
d) Postavite ga v hladilnik približno 1 do 2 uri, preden ga postrežete.

33. Kokosova mango pitaya sago juha

SESTAVINE:

- ¼ skodelice majhne vrste biserov tapioke
- 2 zrela manga, olupljena in narezana na kocke
- 400 ml polnomastnega kokosovega mleka
- 400 ml vode
- 1 rdeče dragon sadje narezano na kocke in po želji
- 50 g kitajskega kamenega sladkorja

NAVODILA:

a) V srednje velikem loncu z vodo na močnem ognju zavrite. Nežno mešajte vodo, ko zavre, in med mešanjem postopoma vlijte svojo tapioko.
b) Nato znižajte temperaturo na srednjo temperaturo. Tapioko kuhajte 25 minut nepokrito.
c) Nato počivajte v vroči vodi brez toplote 5-7 minut, dokler ne postane čista in prozorna. Takoj precedite v cedilo in sperite pod mrzlo vodo.
d) Pustite bisere v cedilu potopljene v hladno vodo in odstavite.
e) V drugem loncu dodajte kokosovo mleko z vodo in kitajski sladkor. Kuhajte 5 minut, dokler se sladkor popolnoma ne raztopi, občasno premešajte. Ne pokrivajte tega. Vedeli boste, ko ne boste več videli sladkorja ali slišali, kako ropota v loncu.
f) Izklopite ogenj in pustite, da se ohladi v hladilniku ali zamrzovalniku.
g) V servirne sklede razdelite narezano sadje in pasirano tapioko. Po vrhu prelijemo ohlajeno kokosovo mleko in postrežemo hladno.
h) Uživajte!

34. Curry zmajevega sadja

SESTAVINE:
- 1 zmajev sadež, olupljen in narezan na kocke
- 1 skodelica kokosovega mleka
- 1 skodelica zelenjavne juhe
- 1 žlica rdeče curry paste
- 1 žlica ribje omake (neobvezno za nevegetarijansko različico)
- 1 žlica rjavega sladkorja
- 1 rdeča paprika, narezana na rezine
- 1 majhna čebula, narezana
- 1 skodelica mešane zelenjave (kot so cvetovi brokolija, snežni grah in korenje)
- Svež cilantro za okras
- Kuhan riž za serviranje

NAVODILA:
V veliki ponvi ali voku na srednjem ognju segrejte malo olja.
V ponev dodajte rdečo curry pasto in jo med mešanjem pražite minuto, da zadiši.
Prilijemo kokosovo mleko in zelenjavno juho. Mešajte, da se združi.
Dodajte ribjo omako (če jo uporabljate) in rjavi sladkor. Mešajte, dokler se sladkor ne raztopi.
V ponev dodamo narezano papriko, čebulo in mešano zelenjavo. Med mešanjem pražimo nekaj minut, da se zelenjava začne mehčati.
V ponev nežno dodajte kocke zmajevega sadja in premešajte, da jih prekrijete s karijevo omako.
Ponev pokrijte in dušite približno 5-7 minut oziroma dokler ni zelenjava kuhana do želene mehkobe.
Po potrebi prilagodite začimbe.
Zmajev curry postrezite čez kuhan riž.
Okrasite s svežim cilantrom.

SOLATE

35. Solata z zmajevim sadjem, prepojena s slivovim vinom

SESTAVINE:
- 2 bela zmaja
- 2½ skodeliceslivovo vino
- 1 kos borovnic
- 300 g črnega grozdja brez pečk
- 2 limete
- 2 čajni žlički sladkorja

NAVODILA:
SOLATA
a) Zmajevo sadje po dolgem prerežite na pol. Z manjšim koncem žogice za melono nabirajte čim več kroglic zmajevega sadja. Zmajevo sadje v kroglico položite v kozarec ali skledo in ga prelijte s slivovim vinom, dokler ni popolnoma potopljen. Postavimo v hladilnik za najmanj 24 ur. Odcedimo in odstavimo.
b) Borovnice operemo, osušimo in odstavimo.
c) Črno grozdje brez pečk prerežite na pol ali tretjine, če je precej veliko. Dati na stran.
d) Lupina 2 limet. Zmešajte limetino lupinico s sladkorjem v prahu.
MONTAŽA
e) V srednje veliki posodi za mešanje nežno zmešajte dračje, borovnice in črno grozdje.
f) Sadno solato preložimo na servirni krožnik.
g) Izdatno potresemo z mešanico limetine lupinice in sladkorja.
h) Postrezite takoj.

36. Eksotična sadna solata

SESTAVINE:

- 2 zrela manga, papaja oz
- 6 kivijev, olupljenih in narezanih
- 2 banani, olupljeni in narezani
- 2 žlici slaščičarskega sladkorja
- 2 žlici limoninega soka ali medu
- ½ čajne žličke vanilijevega ekstrakta
- ¼ čajne žličke mletih kitajskih 5 začimb v prahu
- ½ maline
- 1 zmajev sadež, narezan na kocke
- Slaščičarski sladkor
- Metini listi

NAVODILA:

a) Stepite sladkor, limonin sok ali med, vanilijo in 5 kitajskih začimb v prahu.
b) Vanj stresite vse sadje.
c) Potresemo s slaščičarskim sladkorjem in okrasimo z listi mete.

37. Jabolčna solata Dragon Fruit

SESTAVINE:

1 zmajevo sadje
2 jabolka, narezana na kocke
1 skodelica mešane zelene solate
1/4 skodelice sesekljanih orehov
2 žlici limoninega soka
1 žlica medu
Sol in poper po okusu

NAVODILA:

Dragon fruit prerežite na pol in izdolbite meso.

V veliki skledi zmešajte meso zmaja, na kocke narezana jabolka, mešano zeleno solato in sesekljane orehe.

V majhni skledi zmešajte limonin sok, med, sol in poper.

Preliv prelijemo čez solato in premešamo.

Postrežemo ohlajeno.

38. Solata zmajevega sadja s tajinom

SESTAVINE:

2 skodelici sadnih kock
1 kumara, narezana na kocke
1 limeta, stisnjena v sok
Tajin začimbe po okusu
Sveži listi cilantra za okras

NAVODILA:

V skledi za mešanje zmešajte kocke dragon fruit in na kocke narezano kumaro.

Stisnite limetin sok čez sadje in premešajte, da se združi.

Solato po okusu potresemo s tajin začimbami.

Okrasite s svežimi listi cilantra.

Postrežemo ohlajeno.

39. Solata zmajevega sadja in avokada s kozicami na žaru

SESTAVINE:
1 zmajev sadež, narezan na kocke
2 zrela avokada, narezana na rezine
1 funt velike kozice ali kozice, olupljene in brez žlebov
Mešana zelena solata
2 žlici olivnega olja
Sok 1 limone
Sol in poper po okusu
NAVODILA:

Žar segrejte na srednje visoko temperaturo.
V skledi premešajte kozice z oljčnim oljem, limoninim sokom, soljo in poprom.
Kozice pecite na žaru približno 2-3 minute na vsako stran ali dokler niso pečene. Dati na stran.
V veliki skledi za solato zmešajte mešano zeleno solato, kocke sadja in narezan avokado.
Pokapljamo z oljčnim oljem in limoninim sokom.
Začinimo s soljo in poprom po okusu.
Solato nežno premešajte, da se vse sestavine povežejo.
Solato razdelite na krožnike in nanjo položite pečene kozice.
Solato postrežemo kot osvežilno in lahko glavno jed.

40. Solata z zmajevim sadjem in kivijem

SESTAVINE:
- 1 zmajev sadež, prerezan na pol, izdolben in narezan na kocke
- 1 kivi, olupljen in narezan na kolobarje
- ½ skodelice borovnic
- ½ skodelice malin
- ½ skodelice jagod

NAVODILA:
a) Z žlico previdno poberite meso kačjega sadja, pri čemer pustite lupino nedotaknjeno, da jo lahko uporabite kot servirno skledo.
b) Zmajevo sadje, kivi in jagode narežite na kocke.
c) Zmešajte in postavite nazaj v lupino pitaje kot skledo.

41. Solata zmajevega sadja s prelivom iz ingverjeve limete

SESTAVINE:
ZA SOLATO
- 2 zmajeva sadeža
- 1 papaja
- 2 kivija
- 1 kos borovnic
- 1 kos jagod

ZA PRELIV
- ½ skodelice limetinega soka (sveže iztisnjenega)
- 2 žlici ingverja (sveže naribanega)
- 2 žlici rjavega sladkorja

NAVODILA:
a) Dragon fruit operemo in po dolžini prerežemo na pol, meni je lažje uporabiti veliko žlico, da z veliko žlico izdolbemo meso, lahko pa tudi nežno povlečete kožo iz mesa. Dragon fruit položite z licem navzdol na desko za rezanje in ga narežite na kocke v velikosti grižljaja.

b) Papajo operemo in olupimo z lupilcem za zelenjavo, jo po dolžini prerežemo na pol, nato z žlico izdolbemo semena in splaknemo, da odstranimo vsa semena. Z licem navzdol položite na desko za rezanje in narežite na kocke v velikosti grižljaja.

c) Kivi operemo in olupimo, po dolžini razpolovimo in narežemo na grižljaje.

d) Jagode položite v cedilo in jih dobro sperite pod tekočo hladno vodo, da jih ne poškodujete. Jagode zlahka vpijejo vodo, zato jih je najbolje oprati in nato oluščiti.

e) Nežno potrkajte po dnu cedila v umivalniku, da voda odteče, in posušite. Jagode olupimo in jih narežemo na polovice ali četrtine, odvisno od velikosti.

f) Borovnice dajte v ločeno cedilo in dobro sperite pod rahlo tekočo hladno vodo. Potrkajte po cedilu in posušite.

g) Vse sestavine za preliv dajte v stekleno posodo in dobro pretresite, da se povežejo.

h) Okusite in prilagodite svojim željam. Če imate raje nekaj bolj sladkega, potem dodajte še nekaj sladkorja, medu ali javorjevega sirupa.

i) Sadje, jagode in preliv dajte v veliko skledo za mešanje in dobro premešajte, da se povežejo. Razporedimo v solatno skledo in postrežemo s kokosovim jogurtom ali sladoledom.

42. Solata zmajevega sadja in kvinoje

SESTAVINE:
- 1 zmajevo sadje
- 2 skodelici kuhane kvinoje
- ½ skodelice zdrobljenega feta sira
- ½ skodelice sesekljane kumare
- ½ skodelice narezanih češnjevih paradižnikov
- 2 žlici sesekljane sveže mete
- 2 žlici olivnega olja
- 1 žlica medu
- Sol in poper po okusu

NAVODILA:
a) Dragon fruit prerežite na pol in izdolbite meso.
b) V veliki skledi zmešajte kvinojo, feta sir, kumare, češnjeve paradižnike in meto.
c) V ločeni skledi zmešajte olivno olje, med, sol in poper.
d) Preliv vmešajte v mešanico kvinoje, dokler se dobro ne premeša.
e) Zložite meso zmajevega sadja.
f) Postrežemo ohlajeno na posteljici iz zelene solate ali mešanice zelenic.

43. Solata z zmajevim sadjem in krvavo pomarančo

SESTAVINE:
2 skodelici mešane zelene solate
1 zmajev sadež, narezan na kocke
2 krvni pomaranči, razdeljeni na segmente
¼ skodelice zdrobljenega feta sira
2 žlici praženih pinjol
2 žlici balzamičnega kisa
2 žlici olivnega olja
Sol in poper po okusu

NAVODILA:
V veliki skledi zmešajte mešano zeleno solato, kocke sadja, koščke pomaranč, zdrobljen feta sir in opečene pinjole.

V ločeni majhni skledi zmešajte balzamični kis, olivno olje, sol in poper.

Preliv pokapajte po solati in premešajte, da se združi.

Postrezite takoj.

44. Solata z zmajevim sadjem, prepojena s slivovim vinom

SESTAVINE:

2 skodelici sadnih kock
2 slivi, narezani
¼ skodelice slivovega vina
2 žlici medu ali javorjevega sirupa
Listi sveže mete za okras
NAVODILA:

V skledi za mešanje zmešajte kocke dragon sadja in narezane slive.

V ločeni posodi zmešajte slivovo vino in med ali javorjev sirup.

Prelijte mešanico slivovega vina čez sadje in nežno premešajte, da se združi.

Solato pustimo marinirati v hladilniku vsaj 30 minut.

Pred serviranjem okrasite z listi sveže mete.

45. Solata z zmajevim sadjem in rakovicami

SESTAVINE:
- 1 zmajev sadež, narezan na kocke
- ½ funta grude rakovega mesa
- ¼ skodelice majoneze
- ¼ skodelice grškega jogurta
- 2 žlici sesekljanega drobnjaka
- 1 žlica limoninega soka
- Sol in poper po okusu

NAVODILA:
a) V srednji skledi zmešajte majonezo, grški jogurt, drobnjak, limonin sok, sol in poper.
b) Nežno vmešajte na kocke narezano dragon sadje in grudo rakovega mesa.
c) Preden postrežete, ohladite vsaj 30 minut.

46. Waldorfska solata z zmajevim sadjem

SESTAVINE:
- 1 kos Dragon fruit zrel, narezan na kocke
- 1 kos zelenega jabolka, narezanega na kocke
- 1 kos rdečega jabolka narezanega na kocke
- ½ skodelice rdečega grozdja, narezanega na polovice
- ¼ skodelice sesekljanega cilantra
- ⅓ skodelice grškega jogurta
- 2 žlici majoneze brez jajc
- 1 čajna žlička limetinega soka
- 2 čajni žlički medu
- ½ čajne žličke soli
- ½ čajne žličke naribanega ingverja
- 2 žlici sesekljanih mandljev
- 2 žlici sesekljanih indijskih oreščkov
- 1 žlica sesekljanih orehov
- 5-6 listov zelene solate

NAVODILA:
a) V skledo vzemite kocke zmajevega sadja, rdeče jabolko in zeleno jabolko.
b) V drugi majhni skledi zmešajte jogurt, med, majonezo, sol, ingver in limetin sok.
c) S pripravljenim prelivom prelijemo kockice sadja.
d) Nato dodajte grozdje, sesekljane mandlje, indijske oreščke, orehe in koriander.
e) Premešajte, da se premeša, pazite, da preliv dobro prekrije sadje.
f) Solato ohladite vsaj 30 minut. Postrezite hladno nad posteljico zelene solate

SLADICA

47. Goji, pistacija in limonin kolač

SESTAVINE:
ZA SUROVO VEGANSKO PISTACIJEVO SKORJO:
- 1½ skodelice mandljeve moke ali mandljevega zdroba
- ½ skodelice pistacij
- 3 zmenki
- 1½ žlice kokosovega olja
- ½ čajne žličke mletega kardamoma v prahu
- ⅛ čajne žličke soli

POLNJENJE:
- 1½ skodelice kokosove smetane
- 1 skodelica limoninega soka
- 1 žlica koruznega škroba
- 2 žlički agar-agarja
- ¼ skodelice javorjevega sirupa
- ½ čajne žličke mlete kurkume v prahu
- 1 čajna žlička vanilijevega ekstrakta
- ½ čajne žličke izvlečka goji

PRELIVI:
- pest goji jagod
- zmajev sadež
- užitne rože
- čokoladni srčki

NAVODILA:
TRTKA ŠKOLJKA

a) V kuhinjskem robotu/blenderju zmešajte mandljevo moko in pistacije do drobnih drobtin.
b) Dodamo preostale sestavine za skorjo in dobro premešamo, dokler ne dobimo enotne lepljive zmesi.
c) Testo za skorjo dodajte v model za torte in ga enakomerno razporedite po dnu.
d) Pustite, da se ohladi v hladilniku, medtem pa pripravite nadev.

POLNJENJE

e) V srednji ponvi segrejte kokosovo smetano in dobro premešajte, da postane gladka in enotna.
f) Dodajte preostale sestavine za nadev, vključno s koruznim škrobom in agar agarjem.
g) Med nenehnim mešanjem zavremo in kuhamo nekaj minut, dokler se ne začne gostiti.
h) Ko se zmes zgosti, jo odstavimo z ognja in pustimo 10-15 minut, da se ohladi.
i) Nato prelijemo čez skorjo in pustimo, da se popolnoma ohladi.
j) Postavimo v hladilnik vsaj za par ur, da se nadev povsem strdi.
k) Okrasite z goji jagodami, kroglicami zmajevega sadja in užitnimi rožami ali s svojimi najljubšimi prelivi.

48. Parfe z jogurtovim zmajevim sadjem

SESTAVINE:
- 1 rdeče meso zmajevega sadeža, olupljeno
- 1 belo meso dragon fruita, olupljeno
- 1 olupljena banana
- 1 žlica medu
- 2 skodelici navadnega jogurta ali jogurta po vaši izbiri
- granola po okusu
- borovnice po okusu

NAVODILA:
a) Zmešajte zmajevo sadje (rdeče meso), polovico zmajevega sadeža (belo meso), banano, med in 1 skodelico jogurta do gladkega.
b) S preostalo polovico zmajevega sadeža z belim mesom uporabite melonsko lopatico, da zajamete meso v kroglice. Dati na stran.
c) Skodelice napolnite s preostalim jogurtom (približno ⅓ do višine skodelice). Prelijte jogurt z zmešano mešanico.
d) Okrasite z borovnicami, granolo in kroglicami zmajevega sadja (belo meso).

49. Sladice Dragon Fruit

SESTAVINE:
- 3 skodelice zmajevega sadja, zamrznjenega ali svežega
- 1 skodelica zamrznjenih ali svežih malin
- 2 pomaranči, stisnjen sok
- 1 limeta, stisnjena v sok
- ½ skodelice kokosove vode
- ½ skodelice sladkorja ali sladkornega sirupa po želji

NAVODILA:
a) Vse sestavine zmešajte v mešalniku, dokler niso popolnoma zmešane. Po potrebi dodajte dodatno kokosovo vodo, da dobite želeno konsistenco. Po želji dodajte do ½ skodelice sladkorja za želeno stopnjo sladkosti.
b) Mešanico zmajevega sadja vlijemo v model za sladoled in dodamo lesene palčke za sladoled. Zamrznite za 4-6 ur ali dokler popolnoma ne zamrzne.
c) Odstranite sladoledne sladolede iz plesni in uživajte!

50. Sorbet zmajevega sadja

SESTAVINE:
- 2 zmajeva sadeža
- ¼ skodelice medu
- ¼ skodelice vode
- Sok 1 limete

NAVODILA:
a) Dragon fruits prerežite na pol in izdolbite meso.
b) Meso zmajevega sadja pretlačite v mešalniku ali kuhinjskem robotu do gladkega.
c) V majhni kozici na srednjem ognju segrejte med in vodo ter mešajte, dokler se med ne raztopi.
d) Dodajte mešanico medu in limetin sok v pire iz zmajevega sadja in mešajte, dokler se dobro ne združita.
e) Zmes vlijemo v aparat za sladoled in stepamo po navodilih proizvajalca.
f) Sorbet prestavite v posodo in zamrznite vsaj 1 uro, preden ga postrežete.

51. Šifon kolački Dragon Fruit

SESTAVINE:
- 3 rumenjaki
- 25 g sladkorja v prahu
- 70 g pireja Dragon fruit
- 40 g koruznega olja
- ¼ čajne žličke ekstrakta vanilije
- 55 g samovzhajalne moke
- 2 žlici koruzne moke
- 3 jajčni beljak
- ⅛ čajne žličke vinskega kamna
- 60 g sladkorja v prahu

NAVODILA:
a) Rumenjake in sladkor penasto stepemo. Stepite v pireju zmajevega sadja, koruznem olju in ekstraktu vanilije. Lahka mešanica samovzhajalne moke in koruzne moke.
b) V ločeni čisti skledi stepemo beljake, vinski kamen in sladkor v prahu, da postanejo puhasti in čvrsti. Rumenjakovo zmes previdno vmešamo v stepen beljak, da se dobro poveže.
c) Maso nalijte v podloge za kolačke. Rahlo potrkajte po podlogah za kolačke, da sprostite zračne mehurčke.
d) Pečemo v predhodno ogreti pečici na 170C 10 minut, nato temperaturo zmanjšamo na 160C in pečemo še 20-25 minut oziroma dokler nabodalo, ki ga vstavimo v torto, ne pride ven čisto.
e) Odstranite iz pečice in torto takoj obrnite.
f) Pustite nemoteno, dokler se popolnoma ne ohladi.

52. Torta z malinami in zmajevim sadjem

SESTAVINE:
ZA MOUSSE TORTE:
- 1 skodelica surovih indijskih oreščkov, namočenih čez noč
- 4,2 unče zmajevega sadja
- ½ skodelice malin
- 5 žlic kokosove smetane
- 3 žlice ekstra deviškega kokosovega olja, stopljenega
- 2 žlici agavinega nektarja
- ½ čajne žličke vaniljeve esence
- 1 žlica limoninega soka
- Ščepec himalajske soli

ZA ČOKOLADNO OMAKO:
- ⅓ skodelice veganskih čokoladnih koščkov
- 2 žlički ekstra deviškega kokosovega olja

NAVODILA:
PRIPRAVA MOUSSE TORT:
a) Namočene indijske oreščke odcedite in temeljito sperite.
b) Vse sestavine razen kokosovega olja dobro premešajte v hitrem multipraktiku. Mešajte, dokler ni gladko. Dodajte stopljeno kokosovo olje. Zmešajte in znova premešajte, dokler se dobro ne združi.
c) Zmes vlijemo v posodice za mafine. Postavimo v zamrzovalnik za 3 ure, da se strdi.

PRIPRAVA ČOKOLADNE OMAKE:
d) Čokoladne koščke stopite z dvojnim kotlom.
e) Dodamo kokosovo olje in dobro premešamo z metlico. Počakajte nekaj minut, da se čokolada začne gostiti.
f) Vsako ohlajeno torto prelijemo z eno žlico čokoladnega preliva.

53. Želeji zmajevega sadja

SESTAVINE:
- 6 skodelic vode
- 2 žlici agar agarja v prahu
- 200 g surovega medu
- 1 skodelica pireja Dragon Fruit
- 3 listi pandana – povezani v vozel (neobvezno)

NAVODILA:
a)   Dodajte agar agar v prahu z 1 skodelico (250 ml) vode v srednji lonec in dobro premešajte, dokler ni dobro premešano. Dodajte ravnotežje vode in listov pandana ter zavrite. Prepričajte se, da se je prašek popolnoma raztopil. Ugasnite ogenj in odstranite liste pandana.
b)   Dodajte ravnotežje sestavin in dobro premešajte.
c)   Vlijemo v model ali pladenj (20cm x 20cm). Ko se ohladi, za 30 minut postavite v hladilnik.
d)   Za odstranitev iz kalupa uporabite nož za maslo, s katerim potegnite po robovih in nežno stisnite kalup, da sprostite agar agar. Agar v posodicah z nožem za maslo narežite na kvadratne ali pravokotne oblike.

54. Sladice guava zmajevega sadja

SESTAVINE:

1 skodelica pireja zmajevega sadja
½ skodelice soka guave
¼ skodelice vode
2 žlici medu ali javorjevega sirupa
Kalupi za sladoled
Popsicle palčke
NAVODILA:

V mešalniku zmešajte pire iz zmajevega sadja, sok guave, vodo in med ali javorjev sirup. Mešajte, dokler ni dobro združena.
Zmes vlijemo v modelčke za sladoled.
V modelčke vstavite palčke za sladoled.
Zamrznite za vsaj 4-6 ur ali dokler popolnoma ne zamrzne.
Če želite sladoled odstraniti iz modelčkov, jih za nekaj sekund spustite pod toplo vodo.
Postrežemo zamrznjeno.

55. Malina Dragon Fruit Popsicles

SESTAVINE:

1 skodelica pireja zmajevega sadja
1 skodelica malinovega pireja
¼ skodelice vode
2 žlici medu ali javorjevega sirupa
Kalupi za sladoled
Popsicle palčke
NAVODILA:

V mešalniku zmešajte pire iz zmajevega sadja, malinov pire, vodo in med ali javorjev sirup. Mešajte, dokler ni dobro združena.
Zmes vlijemo v modelčke za sladoled.
V modelčke vstavite palčke za sladoled.
Zamrznite za vsaj 4-6 ur ali dokler popolnoma ne zamrzne.
Če želite sladoled odstraniti iz modelčkov, jih za nekaj sekund spustite pod toplo vodo.
Postrežemo zamrznjeno.

56. Torta z rožnatim zmajevim sadjem

SESTAVINE:

2 ½ skodelice večnamenske moke
2 ½ čajne žličke pecilnega praška
½ čajne žličke soli
1 skodelica nesoljenega masla, zmehčanega
2 skodelici sladkorja
4 velika jajca
1 čajna žlička vanilijevega ekstrakta
1 skodelica mleka
½ skodelice sadnega pireja
Roza barvilo za hrano (neobvezno)
Glazura iz maslene kreme
Rezine zmajevega sadja za okras

NAVODILA:

Pečico segrejte na 350°F (175°C). Namastite in pomokajte tri 8-palčne pekače za torte.
V skledi za mešanje zmešajte moko, pecilni prašek in sol.
V ločeni skledi stepamo maslo in sladkor, dokler ne postanejo rahli in puhasti.
Eno za drugim stepemo jajca, nato pa vanilijev ekstrakt.
Mokrim sestavinam postopoma dodajajte mešanico moke, izmenično z mlekom. Mešajte, dokler se le ne združi.
Testo enakomerno razdelite na tri dele. En del pustimo navaden, v drugi del vmešamo rožnato jedilno barvilo in v tretji del vmešamo pire iz zmajevega sadja.
Vsak del testa vlijemo v poseben pekač za torte.
Pecite 20-25 minut oziroma dokler zobotrebec, ki ga zapičite v sredino, ne izstopi čist.
Odstranite iz pečice in pustite, da se torte 10 minut ohlajajo v pekačih, preden jih prestavite na rešetko, da se popolnoma ohladijo.
Ko se torte ohladijo, jih med vsako plastjo obložite z masleno kremo.
Vrh in stranice torte premažite s preostalo masleno kremo.
Okrasite z rezinami zmajevega sadja.
Narežemo in postrežemo.

57. Torta z zmajevim sadjem

SESTAVINE::
ZA TART CRUST:
- 1 1/2 skodelice večnamenske moke
- 1/4 skodelice granuliranega sladkorja
- 1/2 čajne žličke soli
- 1/2 skodelice nesoljenega masla, hladnega in narezanega na kocke
- 1 velik rumenjak
- 2 žlici ledene vode

ZA NADEV:
- 8 unč kremnega sira, zmehčanega
- 1/4 skodelice sladkorja v prahu
- 1 čajna žlička vanilijevega ekstrakta

PRELIV:
- 2 skodelici zmajevega sadja, narezanega na kocke
- Listi sveže mete za okras (neobvezno)

NAVODILA:
a) Pečico segrejte na 375 °F (190 °C).
b) V kuhinjskem robotu zmešajte moko, granulirani sladkor in sol. Nekajkrat potresite, da premešate.
c) Dodamo hladno narezano maslo in mešamo, dokler zmes ne postane podobna grobim drobtinam.
d) V manjši skledi stepemo rumenjaka in ledeno vodo.
e) Mešanico rumenjakov med utripanjem počasi vlivamo v kuhinjski robot, dokler se testo ne združi.
f) Testo zvrnemo na rahlo pomokano površino in ga nekajkrat pregnetemo, da se poveže.
g) Testo razvaljajte, da se prilega pekaču za tart, in ga prenesite v pekač, tako da ga pritisnete na dno in navzgor ob straneh.
h) Odvečno testo obrežite z robov.
i) Dno skorje prebodemo z vilicami, da se med peko ne napihne.
j) Pekač za tart postavimo v hladilnik za približno 15 minut, da se ohladi.
k) Torto pecite v predhodno ogreti pečici 15-18 minut oziroma dokler ni zlato rjava.
l) Odstranite iz pečice in pustite, da se popolnoma ohladi.
m) V skledi za mešanje stepite zmehčan kremni sir, sladkor v prahu in vanilijev ekstrakt, dokler ne postane gladka in kremasta.
n) Nadev iz kremnega sira enakomerno porazdelite po ohlajeni skorji za tart.
o) Na vrh nadeva razporedite zmajevo sadje v kockah in tako ustvarite okrasni vzorec.
p) Po želji okrasite z lističi sveže mete.
q) Torto ohladite vsaj 1 uro, preden jo postrežete, da se okusi prepojijo in nadev strdi.
r) Ohlajeno narežemo in postrežemo.

58. Nemogoča pita zmajevega sadja

SESTAVINE:

1 skodelica pireja zmajevega sadja
½ skodelice večnamenske moke
1 ½ skodelice mleka
¾ skodelice sladkorja
4 jajca
1 čajna žlička vanilijevega ekstrakta
½ čajne žličke soli
Stepena smetana za preliv

NAVODILA:

Pečico segrejte na 350°F (175°C). Namastite 9-palčni pekač za pito.

V skledi za mešanje zmešajte pire iz sadnega sadja, moko, mleko, sladkor, jajca, vanilijev ekstrakt in sol, dokler se dobro ne združijo.

Zmes vlijemo v pomaščen pekač za pite.

Pecite 45-50 minut ali dokler se pita ne strdi in zobotrebec, ki ga zapičite v sredino, ne izstopi čist.

Odstranite iz pečice in pustite, da se popolnoma ohladi.

Ko je ohlajen, ga pred serviranjem hranite v hladilniku vsaj 2 uri.

Pred serviranjem prelijemo s stepeno smetano.

59. Torta z masleno kremo Dragon Fruit

SESTAVINE:
ZA TORTO:
2 ½ skodelice večnamenske moke
2 ½ čajne žličke pecilnega praška
½ čajne žličke soli
1 skodelica nesoljenega masla, zmehčanega
2 skodelici sladkorja
4 velika jajca
1 čajna žlička vanilijevega ekstrakta
1 skodelica mleka
½ skodelice sadnega pireja
Roza barvilo za hrano (neobvezno)
ZA MASLENO KREMO:
1 skodelica nesoljenega masla, zmehčanega
4 skodelice sladkorja v prahu
1 čajna žlička vanilijevega ekstrakta
2-3 žlice pireja zmajevega sadja
Roza barvilo za hrano (neobvezno)

NAVODILA:
Pečico segrejte na 350°F (175°C). Namastite in pomokajte dva 9-palčna pekača za torte.
V skledi za mešanje zmešajte moko, pecilni prašek in sol.
V ločeni skledi stepamo maslo in sladkor, dokler ne postanejo rahli in puhasti.
Eno za drugim stepemo jajca, nato pa vanilijev ekstrakt.
Mokrim sestavinam postopoma dodajajte mešanico moke, izmenično z mlekom. Mešajte, dokler se le ne združi.
Testo enakomerno porazdelite v pripravljene modelčke za torte.
Pecite 25-30 minut oziroma dokler zobotrebec, ki ga zapičite v sredino, ne izstopi čist.
Odstranite iz pečice in pustite, da se torte 10 minut ohlajajo v pekačih, preden jih prestavite na rešetko, da se popolnoma ohladijo.
V ločeni posodi za mešanje stepite zmehčano maslo, sladkor v prahu, vanilijev ekstrakt in pire iz sadnega sadja, dokler ne postane gladek in kremast. Po želji dodajte rožnato jedilno barvo.
Ko se torte ohladijo, jih premažite z masleno kremo zmajevega sadja.
Narežemo in postrežemo.

60. Dragon Fruit Barfi

SESTAVINE:
- 2 skodelici pireja zmajevega sadja
- 1 skodelica kondenziranega mleka
- 1 skodelica mleka v prahu
- 1/2 skodelice gheeja (prečiščenega masla)
- Sesekljane pistacije in mandlji za okras

NAVODILA:

V neoprijemljivi ponvi na majhnem ognju segrejte ghee.
Dodamo pire iz zmajevega sadja in ob stalnem mešanju kuhamo toliko časa, da se rahlo zgosti.
V ponev dodajte kondenzirano mleko in mleko v prahu. Dobro premešaj.
Zmes med stalnim mešanjem kuhamo na majhnem ognju, dokler se ne zgosti in začne zapuščati stene posode.
Odstranite z ognja in pustite, da se ohladi nekaj minut.
Krožnik ali pekač namastimo z gheejem.
Zmes preložimo na pomaščen krožnik in jo enakomerno razporedimo.
Okrasimo s sesekljanimi pistacijami in mandlji, ki jih rahlo vtisnemo v zmes.
Pustite, da se popolnoma ohladi in nato postavite v hladilnik za nekaj ur, da se strdi.
Narežemo na kose in postrežemo.

61. Puding iz tapioke Dragon Fruit

SESTAVINE:
- 1/2 skodelice majhnih biserov tapioke
- 2 skodelici vode
- 1 skodelica pireja zmajevega sadja
- 1/2 skodelice sladkorja
- 1/2 skodelice kokosovega mleka
- Narezano zmajevo sadje za okras

NAVODILA:

V kozici zavremo vodo.
V vrelo vodo dodamo bisere tapioke in med občasnim mešanjem kuhamo približno 15 minut, dokler perle ne posteklenijo.
Kuhane tapiokine bisere odcedimo in splaknemo pod mrzlo vodo.
V ločeni ponvi zmešajte sadni pire, sladkor in kokosovo mleko.
Segrevajte na zmernem ognju, dokler mešanica ne začne vreti.
Kuhane bisere tapioke dodajte mešanici zmajevega sadja in dobro premešajte.
Kuhajte še 2-3 minute, dokler se ne segreje.
Odstranite z ognja in pustite, da se nekoliko ohladi.
Puding preložimo v servirne sklede ali kozarce.
Okrasite z narezanim zmajevim sadjem.
Postrezite toplo ali ohlajeno.

62. Dragon Fruit Firni

SESTAVINE:

- 1 skodelica pireja zmajevega sadja
- 4 skodelice mleka
- 1/2 skodelice riževe moke
- 1/2 skodelice sladkorja
- 1/4 čajne žličke kardamoma v prahu
- Sesekljane pistacije in mandlji za okras

NAVODILA:

V mešalniku pretlačite zmajevo sadje do gladkega.
V kozici na zmernem ognju segrevajte mleko, dokler ne začne vreti.
V ločeni skledi zmešajte riževo moko in malo vode, da dobite gladko pasto.
V vrelo mleko med nenehnim mešanjem počasi vlijemo mešanico riževe moke.
Zmes ob stalnem mešanju kuhamo na majhnem ognju, dokler se ne zgosti in dobi pudingasto konsistenco.
Dodajte sladkor in kardamom v prahu ter mešajte, dokler se dobro ne združita.
Odstranite z ognja in pustite, da se ohladi nekaj minut.
Vmešajte pire iz zmajevega sadja.
Firni prelijemo v servirne posodice in okrasimo s sesekljanimi pistacijami in mandlji.
Pred serviranjem ohladite, dokler se ne ohladi.

63. Krema iz zmajevega sadja z meringue lešnikovo torto

SESTAVINE:
ZA MERINGUE LEŠNIKOV TART:
- 1 1/2 skodelice zdrobljenih graham krekerjev
- 1/2 skodelice stopljenega masla
- 1/2 skodelice sesekljanih lešnikov
- 1/4 skodelice sladkorja
- 3 beljaki
- 1/4 čajne žličke vinskega kamna
- 1/2 skodelice sladkorja

ZA KRAJMO Z ZMAJIM SADJEM:
- 2 skodelici pireja zmajevega sadja
- 1 skodelica mleka
- 1/2 skodelice sladkorja
- 1/4 skodelice koruznega škroba
- 4 rumenjaki
- 1 čajna žlička vanilijevega ekstrakta

NAVODILA:
Pečico segrejte na 350°F (175°C).
V skledi za mešanje zmešajte zdrobljene graham krekerje, stopljeno maslo, sesekljane lešnike in 1/4 skodelice sladkorja. Dobro premešaj.
Mešanico vtisnite v pekač za tart in oblikujte skorjo.
Skorjo pečemo v predhodno ogreti pečici približno 10 minut, da rahlo zlato porumeni. Odstranite iz pečice in pustite, da se ohladi.
V ločeni posodi stepemo beljake s smetano iz vinskega kamna, dokler ne nastanejo mehki snegovi.
Postopoma dodajte 1/2 skodelice sladkorja in stepajte, dokler ne nastanejo trdi vrhovi.
Mešanico meringue razporedite po ohlajeni skorji pitne pite, pri čemer pazite, da prekrijete tudi robove.
Pečemo v pečici približno 20 minut oziroma dokler meringue ni zlato rjave barve. Odstranite iz pečice in pustite, da se ohladi.
V ponvi zmešajte sadni pire, mleko, sladkor, koruzni škrob in rumenjake. Dobro stepemo.
Mešanico ob stalnem mešanju kuhamo na zmernem ognju, dokler se ne zgosti in ne zavre.
Odstranite z ognja in vmešajte vanilijev ekstrakt.
Kremo vlijemo v pripravljeno tortno skorjo.
Pred serviranjem naj se popolnoma ohladi.

64. Dragon Fruit Coconut Modak

SESTAVINE:
- 1 skodelica naribanega svežega kokosa
- 1/2 skodelice kondenziranega mleka
- 1/2 skodelice pulpe zmajevega sadja
- 1/2 skodelice sladkorja v prahu
- 1 skodelica riževe moke
- 1/2 skodelice vode
- Ghee (prečiščeno maslo) za mazanje

NAVODILA:
V ponvi na zmernem ognju segrejte nariban kokos in kondenzirano mleko.
Med nenehnim mešanjem kuhajte, dokler se zmes ne zgosti in začne zapuščati stene ponve.
V ponev dodajte kašo zmajevega sadja in sladkor v prahu. Dobro premešamo in kuhamo še 2-3 minute.
Zmes odstranite z ognja in pustite, da se ohladi.
V ločeni ponvi zmešajte riževo moko in vodo, da dobite gladko testo.
Vzemite majhen del testa in ga sploščite v obliki diska.
Na sredino diska položite žlico mešanice dragon fruit kokosa.
Zložite robove diska, da zaprete nadev in ga oblikujte v modak.
Postopek ponovimo s preostalim testom in nadevom.
Modake kuhajte v sopari približno 10-12 minut.
Odstranite jih iz soparnika in pustite, da se ohladijo, preden jih postrežete.

65. Zmajev sadež Kalakand

SESTAVINE:
- 2 skodelici naribanega paneerja (indijske skute)
- 1 skodelica kaše zmajevega sadja
- 1/2 skodelice kondenziranega mleka
- 1/4 skodelice sladkorja v prahu
- 1/4 čajne žličke kardamoma v prahu
- Sesekljani oreščki za okras (kot so mandlji ali pistacije)

NAVODILA:
V ponvi proti prijemanju na majhnem ognju segrejte nariban panir.
V ponev dodajte kašo zmajevega sadja, kondenzirano mleko, sladkor v prahu in kardamom v prahu.
Dobro premešamo in ob stalnem mešanju kuhamo, dokler se zmes ne zgosti in začne zapuščati stene posode.
Odstranite z ognja in pustite, da se nekoliko ohladi.
Krožnik ali pekač namastimo z gheejem.
Zmes preložimo na pomaščen krožnik in jo enakomerno razporedimo.
Okrasite s sesekljanimi orehi in jih narahlo vtlačite v zmes.
Pustite, da se popolnoma ohladi in nato postavite v hladilnik za nekaj ur, da se strdi.
Narežemo na kose in postrežemo.

66. Dragon Fruit žele ali puding

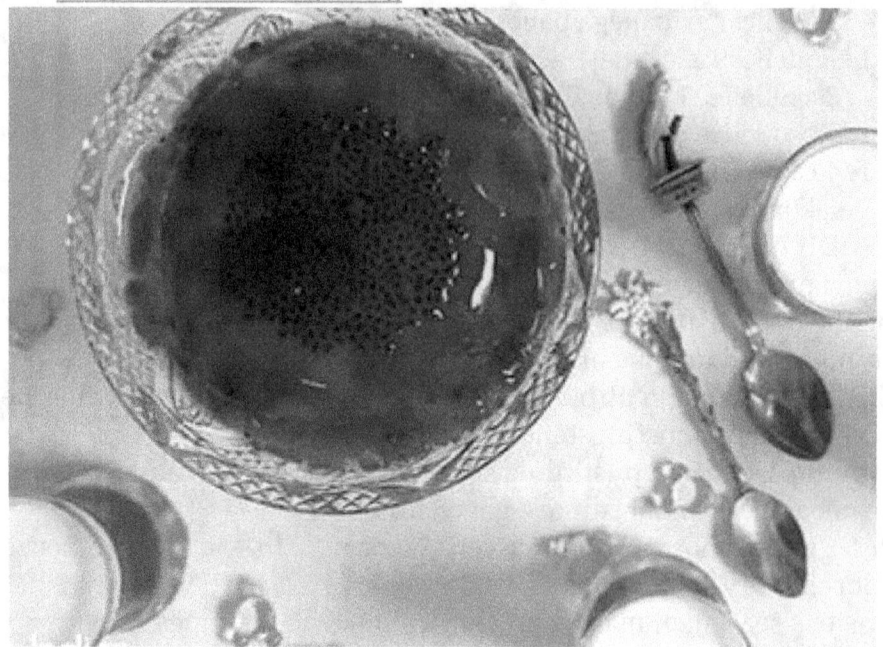

SESTAVINE:
1 zmajev sadež, izvlečeno meso
1 skodelica vode
1/2 skodelice sladkorja
1 žlica agar-agar prahu

NAVODILA:
V mešalniku pretlačite meso dragon fruita do gladkega.
V ponvi zmešajte vodo, sladkor in agar-agar v prahu. Dobro premešamo.
Mešanico zavrite na zmernem ognju in nenehno mešajte.
Ogenj zmanjšamo na nizko in dodamo pire iz zmajevega sadja. Dobro premešajte, da se poveže.
Nadaljujte s kuhanjem še 2-3 minute, dokler se zmes ne zgosti.
Zmes vlijemo v modelčke ali servirne kozarce.
Pustite, da se ohladi na sobni temperaturi, nato pa ohladite, dokler se ne strdi.
Postrežemo ohlajeno.

67. Puding Red Dragon Fruit

SESTAVINE:
- 1 rdeče zmajevo sadje
- 1 skodelica kokosovega mleka
- 1/4 skodelice sladkorja
- 2 žlici koruznega škroba
- 1/4 čajne žličke vanilijevega ekstrakta
- Listi sveže mete za okras (neobvezno)

NAVODILA:

Rdeče zmajevo sadje prerežite na pol in izdolbite meso.
V mešalniku pretlačite meso dragon fruita do gladkega.
V ponvi zmešajte kokosovo mleko, sladkor in koruzni škrob. Stepajte, dokler se sladkor in koruzni škrob ne raztopita.
Ponev pristavimo na srednji ogenj in ob stalnem mešanju kuhamo, dokler se zmes ne zgosti.
Odstavite z ognja in vmešajte pire zmajevega sadja in vanilijev ekstrakt.
Zmes vlijemo v servirne sklede ali ramekine.
Pustite, da se ohladi na sobno temperaturo, nato pa postavite v hladilnik za vsaj 2 uri, da se strdi.
Pred serviranjem okrasite z listi sveže mete.

ZAČIMBE

68. Salsa zmajevega sadja

SESTAVINE:
- 1 velik zmajev sadež
- 3 žlice svežega limoninega soka
- 1 jalapeno narezan na kocke
- 2 žlici na kocke narezanega drobnjaka
- sol

NAVODILA:
a) Dodajte vse sestavine v srednje veliko skledo in jih premešajte.
b) Pustite stati 1 uro, da se okusi premešajo.
c) Postrezite s koruznim tortiljim čipsom.

69. Guacamole zmajevega sadja

SESTAVINE:

- 1 zmajevo sadje
- 2 zrela avokada
- ¼ skodelice narezane rdeče čebule
- ¼ skodelice sesekljanega cilantra
- 1 jalapeno poper, brez semen in mlet
- 2 žlici limetinega soka
- Sol in poper po okusu
- Tortilja čips, za serviranje

NAVODILA:

a) Dragon fruit prerežite na pol in izdolbite meso.

b) V srednje veliki posodi pretlačite avokado z vilicami ali tlačilko za krompir.

c) Zložite zmajevo sadje, rdečo čebulo, koriander, jalapeno poper, limetin sok, sol in poper.

d) Dobro premešajte in pustite guacamole stati vsaj 10 minut, da se okusi prepojijo.

e) Postrezite ohlajeno s tortiljinim čipsom.

70. Chutney iz zmajevega sadja

SESTAVINE:
- 1 zmajev sadež, narezan na kocke
- 1 žlica rastlinskega olja
- 1 majhna čebula, drobno sesekljana
- 2 stroka česna, nasekljana
- 1 žlica naribanega ingverja
- ¼ skodelice rjavega sladkorja
- ¼ skodelice jabolčnega kisa
- ¼ čajne žličke mletega cimeta
- Sol in poper po okusu

NAVODILA:
a) V srednji ponvi na srednjem ognju segrejte olje.
b) Dodajte čebulo, česen in ingver ter pražite, dokler čebula ni mehka in prosojna, približno 5 minut.
c) Dodajte na kocke narezano dragon sadje, rjavi sladkor, jabolčni kis, cimet, sol in poper.
d) Zavremo, nato zmanjšamo ogenj in pustimo vreti, dokler se omaka ne zgosti in je zmajevo sadje mehko približno 15-20 minut.
e) Postrezite kot začimbo k mesu na žaru ali kot omako za pomakanje spomladanskih zavitkov.

71. Gorčica Dragon Fruit

SESTAVINE:
- ½ skodelice rumenih gorčičnih semen
- ½ skodelice belega vinskega kisa
- ¼ skodelice narezanega zmajevega sadja
- ¼ skodelice medu
- ½ čajne žličke soli

NAVODILA:
a) Gorčična semena namočite v vodo vsaj 6 ur ali čez noč.
b) Odcedite gorčična semena in jih dajte v blender ali kuhinjski robot.
c) Dodajte beli vinski kis, na kocke narezan dragon, med in sol.
d) Mešajte do gladkega.
e) Mešanico prenesite v čist kozarec in pred uporabo postavite v hladilnik vsaj 24 ur.
f) Uporabite kot začimbo za sendviče, hrenovke ali burgerje.

72. Zmajevo sadje Aioli

SESTAVINE:
- 1 zmajev sadež, narezan na kocke
- ¼ skodelice majoneze
- 1 strok česna, mlet
- 1 žlica limoninega soka
- Sol in poper po okusu

NAVODILA:
a) V mešalniku zmešajte na kocke narezano dragon fruit, majonezo, česen, limonin sok, sol in poper.
b) Mešajte do gladkega.
c) Mešanico prenesite v skledo in ohladite vsaj 30 minut, preden postrežete.
d) Uporabite ga kot začimbo za sendviče in burgerje ali kot omako za namakanje krompirčka.

73. BBQ omaka Dragon Fruit

SESTAVINE:

- 1 zmajev sadež (pitaya), olupljen in narezan
- 1 skodelica kečapa
- 1/4 skodelice rjavega sladkorja
- 2 žlici sojine omake
- 2 žlici jabolčnega kisa
- 1 žlica Worcestershire omake
- 1 žlica dijonske gorčice
- 1 čajna žlička česna v prahu
- 1 čajna žlička čebule v prahu
- 1/2 čajne žličke dimljene paprike
- Sol in poper po okusu

NAVODILA:

a) V mešalniku ali kuhinjskem robotu pretlačite sesekljano zmajevo sadje do gladkega.
b) V srednje veliki ponvi zmešajte sadni pire, kečap, rjavi sladkor, sojino omako, jabolčni kis, Worcestershire omako, dijonsko gorčico, česen v prahu, čebulo v prahu in dimljeno papriko.
c) Ponev postavite na srednji ogenj in mešanico zavrite.
d) Zmanjšajte ogenj na nizko in pustite, da se omaka kuha približno 15-20 minut, občasno premešajte, da se ne zažge.
e) Okusite omako in jo po želji začinite s soljo in poprom.
f) Odstranite ponev z ognja in pustite, da se BBQ omaka z zmajevim sadjem ohladi.
g) Ko se ohladi, ga lahko takoj uporabite kot glazuro za meso na žaru ali pa ga shranite v nepredušni posodi v hladilniku za kasnejšo uporabo.

74. Sirup zmajevega sadja

SESTAVINE:
- 2 zmajeva sadeža (pitaja), olupljena in narezana na kocke
- 1 skodelica granuliranega sladkorja
- 1 skodelica vode
- 1 žlica limoninega soka (neobvezno, za dodatno kislost)

NAVODILA:

a) V mešalniku ali kuhinjskem robotu pretlačite na kocke narezano zmajevo sadje do gladkega.
b) V srednje veliki ponvi zmešajte sadni pire, granulirani sladkor, vodo in limonin sok (če ga uporabljate).
c) Ponev postavite na zmeren ogenj in mešanico zavrite, občasno premešajte, da se sladkor raztopi.
d) Zmanjšajte ogenj na nizko in pustite, da sirup rahlo vre približno 15-20 minut, da se nekoliko zgosti.
e) Odstranite ponev z ognja in pustite, da se sirup ohladi.
f) Ko je sirup ohlajen, ga precedite skozi sito z drobno mrežico, da odstranite morebitna semena ali pulpo, z žlico pritisnite navzdol, da izvlečete vso tekočino.
g) Sirup prelijemo v steriliziran kozarec ali steklenico in shranimo v hladilniku.

SMOOTIJI

75. Dragon Mango Smoothie

SESTAVINE:
- ¾ skodelice zamrznjene pitaje/zmajevega sadja
- 1 skodelica zamrznjenih rezin manga
- ¾ skodelice ananasovega soka

NAVODILA:
a) V običajnem kuhinjskem mešalniku dodajte vse sestavine in mešajte do gladkega.

76. Smoothie Dragon Fruit na rastlinski osnovi

SESTAVINE:
- 1 ½ skodelice zmajevega sadja, narezanega na kocke in zamrznjenega
- 1 zrela banana
- ½ skodelice zamrznjenih borovnic
- ½–1 skodelice rastlinskega mleka, odvisno od želene gostote
- ½ skodelice zamrznjenih borovnic

NAVODILA:
a) V velikem hitrem mešalniku na dno dajte zmajevo sadje, banano, borovnice, mleko in chia semena.
b) smuti zmajevega sadja
c) Vklopite mešalnik, začnite pri nizki hitrosti in postopoma povečujte hitrost, dokler ni vse popolnoma zmešano in gladko.
d) smuti zmajevega sadja
e) Postrezite takoj!

77. Lassi z okusom zmajevega sadja

SESTAVINE:
- 1 zrela banana
- 1 skodelica navadnega jogurta
- 1/2 skodelice pulpe zmajevega sadja
- 2 žlici medu ali javorjevega sirupa
- Ščepec kardamoma v prahu
- Ledene kocke (neobvezno)

NAVODILA:
V mešalniku zmešajte zrelo banano, navadni jogurt, pulpo sadja, med ali javorjev sirup in kardamom v prahu.
Mešajte, dokler ni gladka in dobro združena.
Po želji dodajte ledene kocke in ponovno mešajte, dokler se lassi ne ohladi.
Nalijemo v kozarce in takoj postrežemo.

78. Berry Dragon Fruit Smoothie

SESTAVINE:
SMOOTHIE:
- 1 skodelica zamrznjenih malin
- 1 ¾ skodelice zamrznjenega rožnatega zmajevega sadja (200 gramov)
- ½ skodelice zamrznjenih robid
- 5,3 unč jagodnega grškega jogurta (150 gramov)
- 2 žlici chia semen
- 1 čajna žlička limetinega soka (½ limete)
- 1 čajna žlička naribanega ingverja
- 1 skodelica nesladkanega mandljevega mleka ali mleka po izbiri

NEOBVEZNI OKRAS:
- Chia semena
- jagode

NAVODILA:
a) V posodo mešalnika dodajte maline, zmajevo sadje, robide, jogurt, chia semena, limeto in ingver. Dodajte mandljevo mleko, pokrijte in mešajte pri visoki temperaturi, dokler ni gladka.
b) Začasno ustavite in po potrebi z lopatico postrgajte stranice posode. Če je smuti pregost, prilijte toliko mandljevega mleka, da dosežete želeno gostoto.
c) Smoothie nalijte v kozarec in po želji dodajte dodatna chia semena in jagode.

79. Kozarci za smoothie s kokosovim chia zmajevim sadjem

SESTAVINE:
- 1 skodelica kokosovega mleka (ali mleka ali mlečnih izdelkov po vaši izbiri)
- 3 žlice chia semen
- 2 žlici naribanega kokosa
- 2 majhni zamrznjeni banani
- 2 žlici praška zmajevega sadja (pitaya).
- Sadje in nastrgan kokos za preliv, po želji

NAVODILA:
a) Kokosovo mleko, chia semena in kokos enakomerno porazdelite med dva kozarca po 8 unč, pokrijte in dobro premešajte ali pretresite. Pokrite kozarce čez noč postavimo v hladilnik, da se puding s chia semeni zgosti.
b) Ko ste pripravljeni za uživanje, dajte banane v mešalnik in mešajte, dokler ni gladka.
c) Dodajte prah zmajevega sadja in obdelujte, dokler se ne zmeša v bananin pire.
d) Na vrh pudinga iz chia semen v kozarce vlijemo bananin/dragonov pire.
e) Po želji potresemo s sadjem in naribanim kokosom za okras.

80. Vanilla Swirled Dragon Fruit Smoothie Bowl

SESTAVINE:

1 zamrznjena banana
1 skodelica pireja zmajevega sadja
1/2 skodelice navadnega grškega jogurta
1/2 skodelice mandljevega mleka (ali poljubnega mleka)
1 čajna žlička vanilijevega ekstrakta
Prelivi po izbiri (kot so narezana banana, jagodičevje, chia semena)

NAVODILA:

V mešalniku zmešajte zamrznjeno banano, pire iz dragon sadja, grški jogurt, mandljevo mleko in ekstrakt vanilije.
Mešajte, dokler ni gladka in kremasta.
Smoothie prelijemo v skledo.
Vmešajte nekaj dodatnega sadnega pireja, da ustvarite učinek marmoriranja.
Prelijte z želenimi prelivi, kot so narezana banana, jagode in chia semena.
Uživajte takoj.

81. Smoothie z zmajevim sadjem in ananasom

SESTAVINE:
- 1 skodelica zmajevega sadja, narezanega na kocke
- 1 skodelica narezanega ananasa
- ½ skodelice pomarančnega soka
- ½ skodelice kokosovega mleka
- ½ skodelice ledenih kock

NAVODILA:
a) Vse sestavine zmešajte v mešalniku.
b) Mešajte, dokler ni gladka in kremasta.
c) Nalijte v kozarec in uživajte!

82. Smoothie Bloody Dragon Fruit

SESTAVINE:

1 zmajevo sadje
1 skodelica kokosove vode
1/2 skodelice zamrznjenih malin
1/2 skodelice zamrznjenih jagod
1 žlica medu (neobvezno)
Ledene kocke (neobvezno)

NAVODILA:

Dragon fruit prerežite na pol in izdolbite meso.
V mešalniku zmešajte meso dračjega sadja, kokosovo vodo, zamrznjene maline, zamrznjene jagode in med (po želji).
Mešajte, dokler ni gladka in dobro združena.
Po želji dodajte ledene kocke in ponovno mešajte, dokler se smoothie ne ohladi.
Nalijemo v kozarce in takoj postrežemo.

83. Pitaya skleda (zmajev sadež)

SESTAVINE:

1 zrel dragon sadež
1 banana
1/2 skodelice zamrznjenega jagodičevja (kot so jagode ali borovnice)
1/4 skodelice mandljevega mleka (ali katerega koli mleka po izbiri)
Dodatki po izbiri (granola, narezano sadje, oreščki, semena)
NAVODILA:
Dragon fruit prerežite na pol in izdolbite meso.
V mešalniku zmešajte meso zmajevega sadja, banano, zamrznjene jagode in mandljevo mleko.
Mešajte, dokler ni gladka in kremasta.
Zmes vlijemo v skledo.
Prelijte z želenimi prelivi, kot so granola, narezano sadje, oreščki in semena.
Uživajte takoj.

84. Smoothie iz pese in zmajevega sadja

SESTAVINE:
- 1 rdeča pesa, kuhana in olupljena
- 1 zmajevo sadje
- 1 skodelica mandljevega mleka (ali katerega koli mleka po izbiri)
- 1 žlica chia semen
- 1 žlica medu ali javorjevega sirupa
- Ledene kocke (neobvezno)

NAVODILA:

Rdečo peso in dragon narežemo na krhlje.
V mešalniku zmešajte koščke rdeče pese, koščke dragoncev, mandljevo mleko, chia semena in med ali javorjev sirup.
Mešajte, dokler ni gladka in dobro združena.
Po želji dodajte ledene kocke in ponovno mešajte, dokler se smoothie ne ohladi.
Nalijemo v kozarce in takoj postrežemo.

85. Skleda za smoothie Dragon Fruit Ginger

SESTAVINE:

1 zamrznjena banana
1 skodelica pireja zmajevega sadja
1/2 skodelice navadnega grškega jogurta
1/2 skodelice mandljevega mleka (ali poljubnega mleka)
1 žlica svežega naribanega ingverja
Prelivi po izbiri (kot so granola, narezano sadje, kokosovi kosmiči)
NAVODILA:
V mešalniku zmešajte zamrznjeno banano, pire iz dragon sadja, grški jogurt, mandljevo mleko in svež ingver.
Mešajte, dokler ni gladka in kremasta.
Smoothie prelijemo v skledo.
Prelijte po želji, kot so granola, narezano sadje in kokosovi kosmiči.
Uživajte takoj.

86. Dragon Fruit Milkshake

SESTAVINE:
- 1 zrel dragon sadež
- 1 skodelica mleka (mlečnega ali rastlinskega)
- 1/2 skodelice vanilijevega sladoleda
- 1 žlica medu (neobvezno)
- Ledene kocke (neobvezno)

NAVODILA:
Dragon fruit prerežite na pol in izdolbite meso.
V mešalniku zmešajte meso zmaja, mleko, vanilijev sladoled in med (po želji).
Mešajte, dokler ni gladka in kremasta.
Po želji dodajte ledene kocke in ponovno mešajte, dokler se milkshake ne ohladi.
Nalijemo v kozarce in takoj postrežemo.

87. Smoothie z zmajevim sadjem in mandlji

SESTAVINE:
- 1 zrel dragon sadež
- 1 skodelica mandljevega mleka (ali katerega koli mleka po izbiri)
- 1 žlica mandljevega masla
- 1 žlica medu ali javorjevega sirupa
- Ledene kocke (neobvezno)

NAVODILA:
Dragon fruit prerežite na pol in izdolbite meso.
V mešalniku zmešajte meso zmaja, mandljevo mleko, mandljevo maslo in med ali javorjev sirup.
Mešajte, dokler ni gladka in kremasta.
Po želji dodajte ledene kocke in ponovno mešajte, dokler se smoothie ne ohladi.
Nalijemo v kozarce in takoj postrežemo.

88. Ovseni smoothie Dragon Fruit

SESTAVINE:
- 1 zrela banana
- 1/2 skodelice pireja zmajevega sadja
- 1/2 skodelice ovsenih kosmičev
- 1 skodelica mandljevega mleka (ali katerega koli mleka po izbiri)
- 1 žlica medu ali javorjevega sirupa
- Ledene kocke (neobvezno)

NAVODILA:

V mešalniku zmešajte zrelo banano, pire iz dragon sadja, valjani oves, mandljevo mleko in med ali javorjev sirup.

Mešajte, dokler ni gladka in kremasta.

Po želji dodajte ledene kocke in ponovno mešajte, dokler se smoothie ne ohladi.

Nalijemo v kozarce in takoj postrežemo.

89. Dragon Fruit Mango jogurt in Yakult smoothie

SESTAVINE:
- 1 zrel mango, narezan na kocke
- 1/2 skodelice pireja zmajevega sadja
- 1/2 skodelice navadnega jogurta
- 1 steklenica Yakulta ali katere koli probiotične pijače
- 1 žlica medu ali javorjevega sirupa
- Ledene kocke (neobvezno)

NAVODILA:

V mešalniku zmešajte na kocke narezan mango, pire iz sadnega sadja, navadni jogurt, Yakult in med ali javorjev sirup.

Mešajte, dokler ni gladka in dobro združena.

Po želji dodajte ledene kocke in ponovno mešajte, dokler se smoothie ne ohladi.

Nalijemo v kozarce in takoj postrežemo.

90. Smoothie z zmajevim sadjem in jagodami

SESTAVINE:
- 1 skodelica zmajevega sadja, narezanega na kocke
- 1 skodelica svežih jagod
- 1 banana
- ½ skodelice navadnega jogurta
- ½ skodelice ledenih kock

NAVODILA:
a) Vse sestavine zmešajte v mešalniku.
b) Mešajte, dokler ni gladka in kremasta.
c) Nalijte v kozarec in uživajte!

KOKTAJLI IN MOKTAJLI

91. Dragon Fruit Mojito

SESTAVINE:
- 2 unči svetlega ruma
- ½ unče limetinega soka
- 2-3 jušne žlice na kocke narezanega zmajevega sadja
- ½ unče preprostega sirupa
- 5-7 natrganih vejic mete
- brizg soda vode

NAVODILA:

a) Začnite s stresalnikom za koktajle in dodajte sadje, meto, limeto in preprost sirup. Zmešaj se s tem!
b) Dodajte led in rum. Potem ga stresi kot nor
c) Snemite celoten pokrov s stresalnika in zmes nalijte v kozarec.
d) Če ga potrebujete, dodajte dodaten led
e) Prelijte s soda vodo
f) Okrasite z rezino zmajevega sadja

92. Dragon Fruit Cucumber Limeade

SESTAVINE:
ZA ZMAJSKI SIRUP:
- 1 skodelica sladkorja
- 1 skodelica vroče vode (ni treba vreti)
- 100 g zamrznjenega rožnatega zmajevega sadja (približno ½ skodelice)

ZA LIMINO KUMARO DRAGON FRUIT:
- 1-unča sirupa zmajevega sadja
- 1 unča svežega limetinega soka
- ½ mlade kumare (ali 3 rezine velike kumare)
- 1 rezina jalapena (neobvezno)
- 4-6 unč negazirane ali peneče vode (po okusu)
- 1 ½ unč vodke ali tekile (neobvezno)

IZDELAVANJE VELIKE SERIJE:
- 1 skodelica sadnega sirupa
- 1 skodelica svežega limetinega soka (približno 8-9 limet)
- 4-6 skodelic hladne negazirane ali peneče vode (po okusu)
- 1 kumara, sesekljana
- ½ jalapena, sesekljanega (neobvezno. Odstranite semena za manj toplote)
- 1 ½ skodelice vodke ali tekile (neobvezno)

NAVODILA:
ZA ZMAJSKI SIRUP:
a) Zmešajte sladkor, vročo vodo in zamrznjeno zmajevo sadje v toplotno odpornem kozarcu ali drugi posodi. Mešajte, da se sadje odtali in sladkor raztopi.
b) Mešanico pustite stati nekaj minut, dokler se vse sadje ne odmrzne in se sladkor raztopi. Uporabite fino mrežasto cedilo, da odcedite semena in morebitno odvečno pulpo.
c) Ostanke sirupa hranite v zaprti posodi v hladilniku do 2 tedna.

ZA LIMINO KUMARO DRAGON FRUIT:
d) V shakerju za koktajle zmešajte kumaro in po želji jalapeno.
e) Če uporabljate negazirano vodo: v stresalnik dodajte sirup, limetin sok, neobvezni alkohol in 4–6 unč vode ter ¾ napolnite z ledom. (Če uporabljate vodko, začnite s 4 unčami vode, po okusu lahko dodate več).
f) Stresajte, dokler se ne ohladi, nato pa tekočino fino precedite v kozarec, napolnjen z ledom, in okrasite s kumaro.

g) Če uporabljate gazirano vodo: v stresalnik dodajte sirup, limetin sok, neobvezni alkohol in 1 unčo negazirane vode ter ¾ napolnite z ledom.

h) Stresajte, dokler se ne ohladi, nato pa tekočino fino precedite v kozarec z ledom in prelijte s 4–5 unčami gazirane vode po okusu. Okrasite s kumaro.

IZDELAVANJE VELIKE SERIJE:

i) Dodajte kumare in neobvezni jalapeno v mešalnik z dovolj vode, da mešalnik deluje (poskusite ¼ skodelice). Mešajte, dokler se večinoma ne utekočini, nato s finim cedilom odstranite pulpo in prihranite tekočino.

j) V velik vrč dodajte sirup zmajevega sadja, svež limetin sok in tekočino kumar/jalapeno. Mešajte, da se združi.

k) Če dodajate vodko ali tekilo, dodajte 12 unč (1 ½ skodelice) alkohola v vrč in prelijte s 4-5 skodelicami hladne negazirane ali peneče vode po okusu. Če preskočite alkohol, dodajte 5-6 skodelic negazirane ali gazirane vode po okusu. Nežno premešajte in postrezite v kozarcih highball nad ledom.

l) Vsako pijačo okrasite s kumaro.

93. Litchi Dragon Mocktail

SESTAVINE:
- 1 skodelica soka ličija
- 1/2 skodelice pireja zmajevega sadja
- 1/4 skodelice limetinega soka
- 1 žlica medu ali javorjevega sirupa
- Soda voda
- Ledene kocke
- Liči ali rezine zmajevega sadja za okras

NAVODILA:
V vrču zmešajte sok ličija, pire iz sadja, limetin sok in med ali javorjev sirup. Dobro premešamo.
Napolnite kozarce z ledenimi kockami.
Mocktail mešanico nalijte v kozarce in jih napolnite približno do 3/4.
Prelijte s soda vodo.
Okrasite z rezinami ličija ali zmajevega sadja.
Postrežemo ohlajeno.

94. Kiwi Red Dragon Juice

SESTAVINE:
- 1 rdeče zmajevo sadje
- 2 kivija
- 1 skodelica vode
- 1 žlica medu ali javorjevega sirupa (neobvezno)
- Ledene kocke (neobvezno)

NAVODILA:
Rdeče zmajevo sadje prerežite na pol in izdolbite meso.
Kivi olupimo in narežemo na kocke.
V mešalniku zmešajte meso zmaja, na kocke narezan kivi, vodo in med ali javorjev sirup (po želji).
Mešajte, dokler ni gladka in dobro združena.
Po želji precedite sok, da odstranite vso pulpo.
Sok hladite v hladilniku vsaj 1 uro.
Nalijemo v kozarce in po želji dodamo kocke ledu.
Postrežemo hladno.

95. Limonada zmajevega sadja

SESTAVINE:
- 1 velik zmajev sadež - rožnato ali belo meso, lupina je odstranjena
- 5 skodelic vode
- ½ skodelice agavinega nektarja ali javorjevega sirupa
- 1 skodelica sveže iztisnjenega limoninega soka

NAVODILA:

a) Zmešajte zmajevo sadje z 1 skodelico vode do želene teksture.

b) Mešanico zmajevega sadja prenesite v vrč za limonado in dodajte preostale 4 skodelice vode, limonin sok in sladilo. Premešajte, okusite in po potrebi prilagodite sladilo in/ali vodo.

c) Postrežemo lahko takoj nad kozarcem, napolnjenim z ledenimi kockami.

d) Shranjujte v hladilniku, da se ohladi in pred serviranjem dobro premešajte. Uživajte!

96. Dragon Fruit-Slivov sok

SESTAVINE:
- 1 zmajevo sadje
- 2 zreli slivi
- 1 skodelica vode
- 1 žlica medu (neobvezno)
- Ledene kocke (neobvezno)

NAVODILA:
Dragon fruit prerežite na pol in izdolbite meso.

Slivam odstranimo pečke in jih narežemo na koščke.

V mešalniku zmešajte meso zmaja, koščke sliv, vodo in med (po želji).

Mešajte, dokler ni gladka in dobro združena.

Po želji precedite sok, da odstranite vso pulpo.

Sok hladite v hladilniku vsaj 1 uro.

Nalijemo v kozarce in po želji dodamo kocke ledu.

Postrežemo hladno.

97. Dragon Fruit Margarita

SESTAVINE:
- 1 skodelica zmajevega sadja, narezanega na kocke
- ¼ skodelice limetinega soka
- ¼ skodelice pomarančnega soka
- ¼ skodelice trojne sekunde
- Sol za robljenje stekla
- Ledene kocke

NAVODILA:
a) Kozarec obrobite s soljo.
b) V mešalniku zmešajte zmajevo sadje, limetin sok, pomarančni sok in triple sec do gladkega.
c) Kozarec napolnite z ledenimi kockami in mešanico prelijte čez led.
d) Okrasite z rezino limete ali dodatnimi kockami zmajevega sadja.

98. Spritzer z zmajevim sadjem

SESTAVINE:
- 1 skodelica zmajevega sadja, narezanega na kocke
- ¼ skodelice limetinega soka
- ¼ skodelice preprostega sirupa
- 1 skodelica gazirane vode
- Ledene kocke

NAVODILA:
a) Dragon fruit zmešajte v stresalniku.
b) V stresalnik dodajte limetin sok in preprost sirup ter dobro pretresite.
c) Mešanico precedite v kozarec, napolnjen s kockami ledu.
d) Prelijemo z gazirano vodo in okrasimo z dodatnimi kockami zmajevega sadja.

99. Koktajl zmajevega sadja in bezga

SESTAVINE:

2 unči pireja zmajevega sadja
1 unča bezgovega likerja
1 unča vodke
1 unča limetinega soka
½ unče preprostega sirupa
Ledene kocke
Rezine zmajevega sadja za okras

NAVODILA:

V shakerju za koktajle zmešajte pire iz zmajevega sadja, bezgov liker, vodko, limetin sok in preprost sirup.

Napolnite shaker z ledenimi kockami in dobro pretresite.

Mešanico precedite v kozarec, napolnjen z ledom.

Okrasite z rezinami zmajevega sadja.

Postrežemo ohlajeno.

100. Koktajl Pitaya Picante

SESTAVINE:
1 ½ unč tekile
1 unča limetinega soka
1 unča preprostega sirupa
½ unče trojne sekunde
½ skodelice sadnega pireja
2-3 rezine jalapeña
Ledene kocke
Rezine limete in rezine zmajevega sadja za okras
NAVODILA:

V shakerju za koktajle zmešajte rezine jalapeña.

V stresalnik dodajte tekilo, limetin sok, preprost sirup, triple sec in pire iz zmajevega sadja.

Napolnite shaker z ledenimi kockami in dobro pretresite.

Mešanico precedite v kozarec, napolnjen z ledom.

Okrasite z rezinami limete in rezinami sadja.

Postrežemo ohlajeno.

ZAKLJUČEK

Upamo, da vas je ta kuharska knjiga navdihnila, da vključite zmajevo sadje v svoje obroke in poskusite nove recepte, ki prikazujejo njegov edinstven okus in osupljiv videz. Ne glede na to, ali ste izkušen kuhar ali začetnik, je dragon fruit vsestranska sestavina, enostavna za uporabo, ki lahko povzdigne vsako jed.

Torej, naslednjič, ko boste v trgovini z živili ali na tržnici, vzemite nekaj zmajevih sadežev in pustite svoji ustvarjalnosti prosto pot v kuhinji. UŽITKI PITAHAJA ob sebi boste zagotovo navdušili svoje prijatelje in družino s svojimi okusnimi in zdravimi kreacijami zmajevega sadja. Uživajte!

www.ingramcontent.com/pod-product-compliance
Lightning Source LLC
Chambersburg PA
CBHW071848110526
44591CB00011B/1348